회개를 사랑할 수 있을까?

회개를 사랑할 수 있을까?

초판 1쇄 발행 / 2016년 8월 18일
초판 6쇄 발행 / 2023년 10월 10일

지은이 / 이정규
펴낸이 / 신은철
펴낸곳 / 좋은씨앗
출판등록 / 제4-385호(1999. 12. 21)
주소 / 서울시 서초구 바우뫼로 156(MJ 빌딩), 402호
전화 / (02)2057-3041 팩스 / (02)2057-3042
이메일 | good-seed21@hanmail.net
페이스북 | www.facebook/goodseedbook

ISBN 978-89-5874-264-7   04230

ⓒ 이정규 2016

이 책의 저작권은 〈좋은씨앗〉에 있습니다.
신저작권법에 의하여 보호를 받는 저작물이므로 무단 전재와 복제를 금합니다.

단단한 기독교 시리즈 1

회개를 사랑할 수 있을까?

이정규

좋은씨앗

차례

추천의 글 • 6

여는 말: 회개를 사랑할 수 있을까? • 8

1장 회개와 속죄 • 13
회개의 의미

2장 하나님은 회개를 요구하셔야만 한다, 왜? • 33
회개의 이유

3장 회개하는 마음은 인자하심에 기댄다 • 47
어떻게 회개할 것인가 – 실제 예 (1)

4장 회개하는 마음은 회복을 소망한다 • 65
어떻게 회개할 것인가 – 실제 예 (2)

5장 하나님께 회개하면 이웃을 사랑하게 된다 • 85
회개의 열매

닫는 말: 사랑의 방향을 돌이키라 • 101

회개 관련 추천도서와 어록 • 106

미주와 참고문헌 • 111

추천의 글

회개는 인기 있는 주제가 아닙니다. 회개가 신자의 삶에서 차지하는 비중을 생각해 볼 때, 이 주제만큼 오늘날 한국교회에서 무시당하고 가치가 평가절하된 주제도 없습니다. 그나마 언급되는 경우에도 대부분 비성경적이고 율법적 회개라는 왜곡된 의미로 다루어지니 통탄할 일입니다. 그 결과는 오늘날 한국교회인 우리 모두가 겪고 있는 윤리 붕괴 현상입니다. 참된 회개의 부재가 만들어 낸 거룩의 실종입니다. 이점에서 한국교회의 신자들에게 이 책을 읽으라고 추천합니다. 동료 목회자들에게는 이 책을 모든 교인들에게 읽히라고 강력히 추천합니다.

저자는 무시되고 왜곡된 회개의 성경적 의미를 이 작은 책에서 밝히 드러냅니다. 회개와 관련된 많은 오해들을 목회자의 마음으로 세심히 다루면서 교정해 줍니다. '여는 말'에서 저자가 밝힌 이 책의 목표는 성공했습니다. 저자는 회개를 충분히 아름답게 묘사했고, 저를 포함해 읽는 이들의 가슴에 회개를 향한 열망을 불어넣어 주고 있습니다.

김형익_ 벧샬롬교회 담임목사, 『우리가 하나님을 오해했다』 저자

회개, 정말 오랜만에 들어 보는 주제입니다. 한국교회의 강단에서 '회개'라는 단어가 사라진 지 오래되었습니다. 소위 치는 설교는 많지만 회개의 복음은 선포되지 않습니다. 회개는 치유나 회복이라는 단어로 대치된 지 오래되었습니다. 저자의 이 책은 우리로 하여금 예수님의 첫 설교에, 마르틴 루터의 95개조 논제의 첫 조항에, 그리고 한국교회의 1907년 대회개 운동에 주목하게 합니다.

이 책의 가장 큰 장점은 회개에 대한 그동안의 여러 관습적 오해를 일거에 제거한다는 것입니다. 이를 통해 회개가 왜 복음인지, 왜 기쁨인지, 그래서 왜 사랑할 수밖에 없는지 쉽게 이해하게 만듭니다. 이 책에 제시된 여러 성경적 주해와 예시들은 읽는 이들에게 또 다른 기쁨을 선사합니다. 일단 책을 펼치면 덮을 수 없을 것입니다.

이성호_ 고려신학대학원 역사신학 교수

여는 말
회개를 사랑할 수 있을까?

출판사에서 원고를 의뢰받고 기쁘게 집필하겠다고 약속했지만, 회개라는 중대하고 어려운 주제에 대해 글을 쓴다는 것은 두렵고 떨리는 일이었습니다. 하지만 약속했으니 원고를 쓰기는 써야겠고, 그렇다고 이대로 쓸 수는 없다는 생각에 마감 기간을 하릴없이 넘겨 가며 무위도식하고 있었지요.

그 와중에 저는 공동체 내에서 여러 (사소하다고 볼 수 있지만 제 교만이 드러나는) 잘못을 범했고, 저를 깊이 사랑하는 몇몇 형제자매들은 애정을 가지고 제 죄를 지적해 주었습니다. 처음에는 고통스러웠지만, 저는 결국 제가 부주의하게 저지른 죄를 몇몇 사람에게 회개하게 되었지요.

회복은 길고 고통스러웠습니다. 하지만 그 열매는 달았습니다. 저는 하나님과 더 친밀한 교제를 누릴 수 있었고, 성경이 가르치는 회개를 좀 더 은혜롭게 깨달을 수 있었습니다. 이후 저는 회개를 사랑하게 되었습니다. 회개는 슬픔과 고통의 과정이면서도 그 가운데 하나님과 누리는 화목의 기쁨이 어우러져 있고, 그 결국은 생명이기 때문입니다. 아직 회개가 무엇인지 분명히 깨달았다고 말할 수 없는 젊은 목사이지만, 같은 길을 걸어가고 있는 동료 형제자매들을 격려할 수 있을 만큼은 회개에 대해 말할 수 있을 것 같았습니다. 그래서 가급적 제가 가질 수 있는 가장 겸손한 마음으로 회개에 대해 서술한 책을 내놓게 되었습니다.

이 책의 목표는 단 하나입니다. 성경이 가르치는 복음적 회개를 최대한 아름답게 묘사해 독자가 회개를 사랑하게 만드는 것입니다. 사실 누구도 좋아하지 않는, **정죄와 잔소리처럼만 들리는 "회개하라!"는 메시지를 달콤하고 아름답게 들리게 하는 것**이지요. 성경이 말하는 회개를 진지하고 정확하게 전달한다면 가능한 일이라고 봅니다. 따라서 회개에 대해 포괄적이고 교리적인 정의를 내리기보다는, 많은 사람들이 회개에 대해 오해하는 지점들을 짚어 가며 회개의 본질에 접근하려고 합니다.

먼저 몇 가지 변명을 드립니다. 첫째, 이 시리즈의 특성상 저는 회개 교리를 객관적으로 공정하게, 되도록 감정을 자제하고 간명하게 설명해야 했습니다. 그럼에도 이러한 시도는 완전히 실패해 버렸는데, 회개라는 뜨거운 주제를 다루면서 객관적이고 이성적인 자세로만 글을 쓰기가 불가능했기 때문입니다. 어떤 독자는 불편하게 느낄 수도 있겠지만, 누군가의 영혼에는 감화를 주어 회개를 이끌어 낼 수도 있다는 생각에 여기서 더 감정을 자제하지는 않기로 했음을 양해해 주셨으면 합니다.

둘째, (신학을 공부한 독자라면 눈치채겠지만) 이 책의 내용 전체는 신학적으로 종교개혁의 전통을 소중히 여기는 개혁주의 신학의 지배를 받고 있습니다. 특히 회개의 전제가 되는 속죄나 칭의에 대한 이해에서 존 칼빈의 영향을 지대하게 받았음을 고백합니다. 그럼에도 감리교나 성결교, 침례교, 기타 신학적 전통에 있는 형제자매들도 전혀 거리낌을 갖지 않도록 항상 성경에 근거해 회개를 설명하려 노력했습니다.

마지막으로, 이 책에서 쓰는 '회개'라는 용어는 1장에서 ('회개 기도'라는 단어와 구별하여) 엄밀하게 정의되지만, 나머지 장에서는 '회개'와 '회개 기도'를 엄밀하게 구분해 쓰지 않았음을 밝힙니다. 따라서 2-5장에서는 '회개'라는 단어를 우리가 일상적으로 쓰는 의미로 받아들이면 됩니다. 1장에서 이해한 개념을 근거로 읽어 나간다면 충돌되거나 모순되는 점을 발견하지는 않을 것입니다.

감사한 분들이 많이 있습니다. 우선 이 책의 내용을 다섯 번의 설교로 들어준 사랑하는 시광교회의 형제자매들에게 감사합니다. 또한 원고를 꼼꼼이 읽고 유익한 조언을 주신 김형익 목사님과 이재국, 황영광 강도사님에게 감사드립니다. 특별히 원고를 잘 쓸 수 있도록 격려해 주고 함께해 준 서금옥 자매님과 이성진 형제님에게 감사드립니다. 무엇보다도, 서재에 처박혀 하릴없이 책에 파묻혀 살아가는 저를 용납해 준 아내에게 감사합니다.

바라기는, 이 짧은 책을 읽은 독자가 회개를 명하시고 받으시는 성부 하나님과, 죽으심으로 회개를 가능하게 하신 성자 하나님과, 우리의 회개를 받으실 뿐 아니라 회개하고자 하는 마음을 불러일으키시는 성령 하나님과의 즐거운 교제 안에서 잠시라도 안식을 누리는 것입니다. 그러한 안식을 잠시라도 맛본다면, 제가 그러했던 것처럼 모두가 즐거이 회개를 사랑하게 되지 않을까요?

회개를 명하여 저를 사랑하신 하나님을 기뻐하며
시광교회에서 이정규

회개와 속죄

회개의 의미

회개가 삶이라고?

대학생 시절 저는 대체로 학교에서 시키는 공부는 끈질기게 뒤로 미루고 하고 싶은 일만 했던 탓에 성적이 좋지는 않았습니다. 언어를 전공하는 1학년이 마땅히 관심을 기울여야 할 언어의 기초에는 무관심하고 세계사, 그것도 유럽 역사 쪽의 책만 열심히 읽었더랬지요. 유럽의 역사를 다룬 어느 책이든 중세를 지나 16세기로 넘어가면 종교개혁이 등장하는데, 거기에는 항상 마르틴 루터와 그 유명한 '95개조 논제' 이야기가 나왔습니다. 당시 가톨릭 교회의 면벌부(Indulgentia)[1] 판매에 분노한 마르틴 루터가 종교개혁을 일으키기 위해 비텐베르크 성

앞에 있는 만인성자교회의 문에 반박문을 내걸었고, 그로 인해 유럽의 종교개혁이 일어났다는 이야기 말이지요.

사실 루터는 종교개혁을 일으키기 위해 '95개조 논제'를 건 것은 아니었습니다. 그저 돈으로 하나님의 심판을 면할 수 있다는 거짓된 신학을 반박하려 했을 뿐이지요. 반박문의 제목도 '95개조 논제'가 아닌 '면벌 선언의 효력에 관한 논쟁'(Disputatio pro declaratione virtutis indulgentiarum)이었습니다. 게다가 실제로 그림처럼 교회 대문에 반박문을 '못 박는' 일도 있었는지 알기 어렵습니다. 정작 루터 본인은 그렇게 했다고 말한 적이 한 번도 없으니까요.[2]

어쨌든 루터가 로마 가톨릭의 면벌부 발행에 저항해 반박문을 발표한 것은 사실이고, 그로 인해 종교개혁이 시작된 것도 사실입니다. 저는 루터의 반박문이 읽고 싶어졌습니다. 그래서 아는 루트를 통해 반박문을 구해 읽어 보았습니다. 첫 번째 논제는 다음과 같은 선언으로 시작되더군요.

> 우리 주 예수 그리스도께서 "회개하라"(마 4:17)고 하셨을 때, 이는 믿는 자의 **삶 전체가 회개하는 삶**이어야 함을 말씀하신 것이다.[3]

이 글을 읽으며 이상야릇한 충격을 받았습니다. 이전에는 회개라는 것이 무슨 일을 하나 잘못했을 때 하는 기도라고만 생각했기 때문입니다. 회개가 삶이라니! 이렇게 충격적인 말은 태어나서 처음 들었습니다. 그래서 나머지 논제들을 열심히 읽어 보았지만, 당시 제가 이해하기엔 너무 어려운 말들이 많아 그저 넘어가고 말았습니다. '회개가 삶'이라는 충격적인 명제도 곧 잊어버렸습니다.

(그러니까 이런 장면이 있었다는 근거는 없습니다.)

거의 10년이 지난 후에야 다시 그 개념을 접하게 되었는데, 이번에는 20세기 영국의 위대한 설교자 마틴 로이드 존스 목사의 설교집을 통해서였습니다. 이미 로이드 존스 목사의 설교집 몇 권을 읽고 큰 은혜를 받고 있던 터라, 시편 51편을 설교한 그의 책 『회개』를 집어 들었습니다.[4] 그리고 이런 문장을 발견했습니다.

> 회개하지 않은 사람이 그리스도인이 된 적은 없습니다. 당신의 **삶에 회개의 특징**이 나타나지 않는다면, 그리스도인이라는 이름표를 떼어 버리는 것이 낫습니다.[5]

'삶에 회개의 특징'이 나타나야 한다니! 여기서도 회개는 삶과 연관된 어떤 거대한 개념이었고, 저는 또다시 충격에 휩싸였습니다. 게다가 로이드 존스 목사는 한층 더 무서운 말을 했습니다. 삶에 회개의 특징과 성향이 나타나지 않는 사람은 그리스도인이 아니라는 것입니다. 저는 즉시 자신을 돌아보았고, 회개의 특징이 나타나지 않은 것 같아 괴로웠습니다.

당시 제 '회개'의 삶은 이런 식이었습니다. 일단 일주일 내내 맘껏 죄를 짓습니다. 그리고 주일 예배 시간에 늘 죄를 고백했습니다. 예배 중간에 '합심 참회기도'라는 시간이 있었는데, 그

때 생각나는 죄를 하나씩 고백했습니다. 가족에게 화냈던 것, 포르노그래피에 심취했던 것, 부정했던 일, 거짓말 등. 죄를 하나씩 고백할 때마다 그 죄가 지워진다고 믿었습니다. 일주일 내내 지은 죄를 일일이 다 고백하기엔 '합심 참회기도' 시간은 너무도 짧았습니다.

신자가 되어 죄를 고백하던 초기에는 이 시간에 눈물도 많이 흘리고 가슴 절절한 회개를 쏟아놓았습니다. '합심 참회기도' 시간만으로는 모자라 매일같이 죄를 고백하고, 잠자리에 들기 전이나 아침에 일어나서 기도했습니다. 그런데 시간이 점점 지나며 죄를 고백하는 횟수가 줄어드는 동시에 형식적이 되어 갔습니다. 지난주 또는 어제 했던 회개를 계속 반복하자니 지쳤기 때문입니다. 이놈의 죄는 회개해도 또 짓게 되고, 또 회개해도 또 짓게 되고 사라질 기미가 보이지 않았습니다.

저는 죄를 하나 지으면 반드시 그 죄를 고백해야 하고, 그렇지 않으면 그 죄가 남아서 대가를 치르게 된다고 믿었습니다. 지옥에 가는 것은 아니겠지만(그래도 예수님을 믿으니 지옥에는 안 갈 거라고 믿었지요) 나중에 하나님께 책망을 듣거나 일상에서 어떤 저주를 받게 된다고 생각했습니다. 그러니까 저는 형벌이 두려워서 회개를 했던 것입니다.

당시 머릿속에 이런 질문들이 떠올랐습니다.

'회개하지 않은 채 잊어버린 죄는 용서받지 못하는 걸까? 죽기 전에만 회개하면 되지 않을까?'

'그냥 죄를 고백하면 회개가 되는 건가?'

'얼마나 회개해야 하는 거지? 왠지 울면서 회개하면 용서받은 것 같고, 덤덤하게 회개하면 용서받지 못한 것 같아.'

이러니 '회개가 삶'이라는 말은 제게 너무나도 생소한 개념일 수밖에 없었습니다. 이후에 저는 하나님의 은혜로 성경을 깊이 알아가면서 결국 제가 회개를 오해하고 있었다는 것, 더 정확히 말해 '회개'와 '속죄'를 헷갈리고 있었다는 사실을 알게 되었습니다.

회개 때문에 죄를 용서받는 게 아니라면?

우리는 회개 때문에 죄를 용서받는 게 아닙니다. 충격적인 말일지 모르겠지만 사실입니다. 예를 들어 봅시다. 어떤 사람이 연쇄살인을 저질러서 법정에 섰습니다. 그 사람은 재판을 받는 동안 자신이 얼마나 큰 죄를 범했는지 아주 깊이 깨달았고, 판사 앞에서 눈물을 펑펑 흘리면서 죄를 고백하고 잘못을 빌었습니다. 그 고백이 얼마나 진실하고 절절했던지 판사는 그만 감동하여 무죄를 선언해 버렸습니다.

이 판사는 어떤 판사입니까? 불의한 판사입니다! 피고가 자기 죄를 깨닫고 용서를 구하면, 그것이 약간의 감형 사유는 될는지 몰라도 무죄 선고를 내릴 이유가 될 수 없습니다. 피고는 이미 법이 정한 대로 죗값을 치러야 합니다. 대한민국 형법은 범한 죄에 따라 죗값을 치르도록 형기를 명시하고 있고, 판사는 당연히 그 기간만큼 재량에 따라 최고형과 최저형 사이의 판결을 내려야 합니다. 판사가 이를 무시하고 자기 마음대로 무죄 선언을 한다면 법을 어기는 것이고, 따라서 그는 불의한 판사입니다.

마찬가지로 하나님께서도 당신을 거절하고 평생 당신의 뜻대로 살아가지 않은 죄인에게 사형이라는 판결을 내리셨습니다(롬 1:32). 그래서 성경은 "죄의 삯은 사망이요"(롬 6:23)라고 말하는 것입니다. 인간이 범한 죄는 참으로 악독하고, 인간은 누구나 하나님의 심판 아래에 있습니다(롬 3:19). 회개한다고 해서 심판을 피할 길은 없습니다.

이렇게 묻는 사람이 있습니다. "회개하면 죄를 용서받을 수 있다고 성경에서 말하지 않았나요? '회개하여 각각 예수 그리스도의 이름으로 세례를 받고 죄 사함을 받으라'(행 2:38)는 말씀은 뭔가요?"

네. 맞습니다. 성경은 회개하는 누구나 죄를 용서받는다고 말합니다. 그러나 우리가 죄를 용서받는 것은 회개했기 때문이 아닙니다.

우리가 죄를 용서받는 것은 십자가에서 이루어진 속죄 덕분입니다. 구주 예수 그리스도가 우리의 죄를 대신 지고 죽으셨기 때문에 우리가 죄를 용서받는 것입니다. 앞의 예를 다시 들자면, 누군가 그 연쇄살인범의 죄를 대신 지고 감옥에서 30-40년 동안 형을 살았다고 합시다. 또는 사형을 언도받고 대신 죽었다고 합시다. 그렇다면 그 죄수에게 형을 다시 집행하는 것은 오히려 부당한 일이 됩니다.

그리스도가 십자가에서 죽으며 이루신 일이 바로 이것입니다. 그분은 십자가에서 모든 자기 백성들의 죄를 지시고 지옥의 형벌을 대신 당하셨습니다. 그렇게 **죗값을 치른 덕분에 우리에게 회개하면 용서받을 수 있는 길이 열린 것**입니다. 따라서 죄 용서는 속죄라는 토대 위에서 회개를 통해 이루어지는 것이라고 할 수 있습니다.

속죄와 회개를 오해하고 있었다고?

여기서 확실히 알아 둘 것이 있습니다. 예수 그리스도가 십자가에서 하나님 백성들의 죄 전체에 대한 형벌을 단번에 받으셨다는 사실입니다.

2천 년 전에 하나님은 자기 백성들을 사랑하여 그들의 모든 죄에 대한 형벌과 진노를 아들인 예수 그리스도에게 퍼부으셨습니다. 그것이 십자가 형벌입니다. 따라서 언약백성들이 받을 형벌이 '객관적으로' 면제되고 치러졌습니다. 즉 (제가 좋아하는 표현인데) 언약백성은 이제 지옥에 갈 밑천이 사라졌습니다. 결국 그리스도가 죽으심으로 하나님의 백성들이 받아야 할 모든 형벌을 대신 치르셨고, 그들은 하나님께 받아들여질 만한 공로를 확보하게 되었습니다. 이 모든 것이 예수님이 십자가에서 이루신 공로입니다!

그런데 이 공로를 실제로 누리고 받기 위해서는 각 개인이 회개와 믿음으로 그리스도께 나아가야 합니다(이것을 최초의 회개, 즉 회심이라고 합니다). 거듭난 뒤 처음으로 회개하고 믿음으로 그리스도께 나아갈 때, 신자 개인은 그리스도가 십자가와 부활로 획득하신 공로 전체를 '영단번에'(once for all) 받습니다. 그 순간 그는 과거와 현재, 미래의 모든 죄를 속함받습니다. 하나님께서 그를 영원히 받아들이십니다. 하나님은 기쁘게 그를 무죄로 선언하실 뿐 아니라 하나님의 자녀로, 그리스도의 신부로, 하나님의 시민으로 받아들여 주십니다.

이 개념을 잘못 이해하고 있는 경우가 참 많은데, 대표적으로 세 가지 오해를 들 수 있습니다.

첫 번째는 우리가 평생 짓는 죄를 회개로 용서받을 수 있다는 오해입니다. 우리가 회개라는 '행위'를 하면 하나님께서 그것을 근거로 죄를 사면해 주신다는 생각이지요. 예를 들어, 내가 오늘 거짓말이라는 죄를 지었는데 회개하면 그 죄를 용서받고, 회개하지 않으면 용서받지 못한다는 생각입니다. 그렇게 살면서 짓는 죄를 하나하나 회개할 때마다 용서를 받는다고 오해하는 것입니다.

이러한 생각은 그리스도의 십자가를 아무것도 아닌 것으로 만들어 버립니다. 성경은 분명히 "너희가 알거니와 너희 조상이 물려준 헛된 행실에서 대속함을 받은 것은 은이나 금같이 없어질 것으로 된 것이 아니요 오직 흠 없고 점 없는 어린 양 같은 그리스도의 보배로운 피로 된 것이니라"(벧전 1:18-19)고 말합니다. 우리의 죄를 대속한 것은 그리스도의 죽으심이지 회개가 아니라는 말입니다. 오히려 그리스도의 죽으심이

첫 번째 오해: 우리가 평생 짓는 죄를 회개로 용서받을 수 있다.
(옅은 회색 바탕은 회개를 의미함)

우리의 죄를 몽땅 대속했고, 그것을 근거로 우리는 회개할 수 있게 되었습니다.

두 번째는 구원받기 이전의 죄는 십자가로 용서받지만, 이후의 죄는 회개로 용서받는다는 오해입니다. 최초로 회개했을 때(회심했을 때) 우리가 십자가를 통해 이전에 살면서 지은 죄를 모두 지우고 새 출발하더라도, 이후로 짓는 죄는 회개라는 행위로 하나하나 지우고 용서받아야 한다는 생각입니다. 성경에 근거가 전혀 없는데도 (희한하게) 많은 사람들이 이러한 오해를 하고 있습니다. 이것이 사실이라면 죽기 직전에 생애 최초로 회개를 하는 것이 제일 좋겠지요.

회심의 순간

두 번째 오해: 구원받기 이전의 죄는 십자가로 용서받지만,
이후의 죄는 회개로 용서받는다. (짙은 회색 바탕은 속죄를 의미함)

사실 이러한 생각이 위험한 것은 무엇보다, 그리스도의 십자가가 우리의 회심 때까지만 효력을 발휘하고 이후에는 아무런 영향도, 공로도 미치지 못한다고 여기게 만들기 때문입니다. 실제로 많은 이단들이 이러한 방식으로 사람들을 괴롭힙니다. "회심했으니 일단 구원은 받겠지. 하지만 이후에 짓는 죄를 일일이 회개하지 않으면 구원이 취소될지도 몰라. 요행히 천국에 가더라도 크게 혼날 거야" 하는 식으로 회개를 고행으로 만들어 버립니다.

앞서 말한 두 오해의 가장 큰 문제는, 속죄의 효력이 우리 삶에 전혀 영향을 미치지 않거나 과거에만 영향을 미친다고 생각하게 한다는 것입니다. 그러나 그리스도는 십자가에서 우리 평생의 죄를 모두 지고 죽으셨습니다. 다시 한 번 강조하자면, 우리는 십자가에서 실제로 죄를 다 속함받았기 때문에 다시 속죄할 필요가 없습니다(히 9:12, 10:10 참조). 십자가는 우리가 과거에 지은 죄, 지금 짓고 있는 죄, 미래에 지을 죄까지 모두 죽였습니다. 실로 그리스도의 죽음 안에서 신자의 모든 죄와 사망이 완전히 죽은 것입니다.[6]

세 번째는 우리의 과거와 현재, 미래의 모든 죄를 십자가로 용서받았으므로 더 이상 회개할 필요가 없다는 오해입니다. 이것은 이른바 '구원파'라는 이단 종파의 생각인데, 최초로 회개할 때(회심할 때) 속죄의 공로 전체를 받기 때문에 이후로는 회개할 필요가 없다는 것입니다. 다시 회개를 하면 오히려 속죄의 공로를 믿지 못하는 죄를 짓는 것이라고 봅니다.

세 번째 오해는 회개가 무엇인지 전혀 모르기 때문에 일어납니다. 지금 혹시 "지금까지 들은 십자가 설명이 옳다면 세 번째 생각은 오해가 아닌 것 같은데? 십자가에서 모든 죄를 속함받았으니 더 이상 회개할 필요가 없는 것 아닌가?"라는 의문이 들지 않습니까? 그렇다면 우리는 이 문제를 풀기 위해 회개가 무엇인지 배워야 합니다.

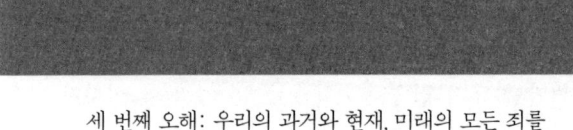

세 번째 오해: 우리의 과거와 현재, 미래의 모든 죄를
십자가로 용서받았으므로 더 이상 회개할 필요가 없다.

회개와 회개 기도는 다르다?

많은 사람들이 회개와 회개 기도를 헷갈려 합니다. 성경이나 설교자가 "회개하라!"고 외칠 때 그것을 회개 기도하라는 말로 이해하는 경우가 많습니다. 세례 요한이 자신에게 세례를 받으러 나온 사람들에게 회개하라고 외쳤을 때, 사람들이 어떻게 반응했는지 보십시오.

무리가 물어 이르되 그러면 우리가 무엇을 하리이까 대답하여 이르되 옷 두 벌 있는 자는 옷 없는 자에게 나눠 줄 것이요 먹을 것이 있는 자도 그렇게 할 것이니라 하고 세리들도 세례를 받고자 하여 와서 이르되 선생이여 우리는 무엇을 하리이까 하매 이르되 부과된 것 외에는 거두지 말라 하고 군인들도 물어 이르되 우리는 무엇을 하리이까 하매 이르되 사람에게서 강탈하지 말며 거짓으로 고발하지 말고 받는 급료를 족한 줄로 알라 하니라(눅 3:10-14).

"회개하라"는 세례 요한의 외침을 듣고 사람들은 '회개 기도'라는 의식(儀式)을 행하지 않습니다. 다만 자신이 가지고 있던 '탐욕'이라는 죄에서 돌이켜 하나님의 뜻대로 살아가기로 결심합니다. 그리고 무엇을 해야 하는지 요한에게 묻습니다. 이렇듯 **회개는 마음과 삶을 돌이키는 것**입니다. 회개하는 사람은 그동안 악을 사랑하고 하나님을 멀리했던 것에서 돌이키기 위해 죄를 자복하는 회개 기도를 올리기도 하지만, 무엇보다 실제로 자신의 마음과 삶을 돌이켜서 바꿉니다.

생각해 보십시오. 이미 믿고 회심한 신자들도 이후에 죄를 짓지 않습니까? 여전히 악을 행하지 않습니까? 그렇다면 우리는 회심한 후에도 계속해서 마음을 돌이키고, 회개 기도를 하는 것은 물론이고 삶 전체를 돌이킬 필요가 있습니다.

믿는 자의 삶이 곧 회개하는 삶인 이유

이제 우리는 드디어 마르틴 루터가 "우리 주 예수 그리스도께서 '회개하라'(마 4:17)고 하셨을 때, 이는 믿는 자의 삶 전체가 회개하는 삶이어야 함을 말씀하신 것이다"라고 말한 의미를 이해할 수 있게 되었습니다. 회개는 단순히 회개 기도를 이르지 않습니다. 회개 기도는 죄를 지우는 효력이 있는 무슨 의식이 아닙니다. 하나님 앞에서 우리의 죄를 실제로 무효로 만드는 것은 그리스도의 십자가입니다. 우리는 그 십자가의 공로로 날마다 회개할 수 있는 은혜를 얻습니다.

최초로 회개할 때(회심할 때) 신자의 내면에는 두 가지 일이 일어납니다. 하나는 '신분상, 위치상'으로 죄가 없으며 그리스도만큼 의롭다고 인정받는 것이고(롬 4:5 참고), 다른 하나는 신자 안에 내재한 죄가 결정적으로 패하고 십자가에 못 박혀 그 세력이 멸하는 것입니다(롬 6:17-18, 갈 5:24 참고). 또한 신자의 내면에 하나님을 사랑하고 의를 행하려는 선한 성향이 자리잡습니다(롬 6:14, 8:1-4 참고).

그럼에도 신자는 여전히 죄를 범하고(요일 2:1 참고), 하나님은 그런 신자를 징계하기 위해(형벌이 아닙니다. 형벌은 하나님의 진노에서 나오지만, 징계는 사랑에서 나옵니다) 그에게 스스로를 가리시고 기도에 응답하지 않으시며 그를 멀리하십니다(히 12:6-8 참고). 아들이 잘못했을 때 '아버지-아들'의 신분은 여전히 유지되지만 아버지가 **무서운 회초리를 드는 것**과 같습니다. 회초리는 징계이지 형벌이 아니며 사랑의 표현입니다.

그럴 때 신자는 구원의 확신을 잃고 기쁨과 만족을 느끼지 못하며 열정도 사라집니다(이런 일을 경험한 분이 분명 있을 것입니다). 이때 신자는 '회개'하게 됩니다. 헷갈리지 마십시오. 이것은 '회개'이지 '속죄'가 아닙니다. 그리스도가 속죄해 주셨기 때문에 죄에 대한 형벌은 이미 끝났습니다. 그럼에도 하나님과 우리 사이에 거리가 벌어졌기에 우리는 계속해서 하나님께로 '돌이켜야' 합니다. 다시 말하지만 회개가 죄를 없애 주는 게 아닙니다. 그리스도의 속죄가 이루어 낸 무흠함을 근거로 하나님께로 '돌이키려는' 마음의 표현이 회개입니다.

이렇게 신자가 회개할 때 하나님은 '그리스도가 죽음과 부활로 이루신 공로'에 근거하여 **신자를 용서하시지 않으면 안 되는 상황에 처하십니다.** 하나님께서 신자의 회개를 안 받으시면 그리스도가 이룬 공로를 무시하시는 것이고, 따라서 하나님은 불의한 분이 되시기 때문입니다. 그래서 하나님은 '그리스도의 공로 위에서' 신자의 회개를 받으시고, 그를 용서하시며, 사랑해 주시고, 그에게 스스로를 드러내십니다. 징계를 멈추고 당신의 영광으로 신자를 달콤하게 만족시켜 주십니다. 신자는 다시 구원의 확신과 하나님의 사랑을 누리게 되며, 예배와 기도 가운데 하나님을 만나게 됩니다.

예수님께서 신자에게 여전히 회개하라고 말씀하실 때, 그것은 고행하라고 떠미는 것도 아니고 괴롭히시는 것도 아닙니다. 그것은 세상에서 가장 달콤한 소리이며 부드러운 음성입니다. 우리 구주께서 신자에게 "이미 내가 십자가와 부활로 네 죄를 다 사면하고 너를 의롭다고 선포할 근거를 마련해 놓았다. 그러니 이제 더 이상 죄에 빠져 살지 말고 내게로 와서 다시 하나님과의 은혜로운 교제를 회복하려무나"라고 말씀하시는 것입니다.

이 부드러운 음성을 듣고 신자는 회개할 힘과 용기와 마음을 얻습니다. 회개는 제사처럼 자신의 특정한 죄를 없애는 의식이 아닙니다. 따라서 하나의 행위가 아닙니다. 오히려 성향이라 할 수 있습니다. 우리는 죄라는 성향을 가지고 있기 때문에 회개 역시 우리의 성향으로 삼아서 평생 기쁘게 수행할 작업이자 삶 자체로 만들어야 합니다. 그래서 회개할 수 있다는 것은 어쩌면 구원 그 자체입니다. 구원받지 못한 사람은 회개할 권리도 없기 때문입니다. 그리스도께서 위해서 죽으신 사람이 아니라면 회개할 권리도, 능력도 없습니다. 그러한 의미에서 회개에 대한 바른 이해는, 우리의 죄를 속한 그리스도의 십자가에 의지해 평생토록 하나님께로 돌이키는 삶이라 하겠습니다.

늘, 매일, 기쁘게 회개하기

회개를 삶이라고 생각지 못하면 확신을 가질 수 없습니다. 회개를 단지 죄를 지우는 수단으로 생각하면 얼마나 회개해야 죄를 용서받을 수 있을지 확신하지 못합니다. 엉엉 울면서 간절히 기도하면 죄를 용서받은 것 같지만, 덤덤하게 기도하면 죄가 여전히 남아서 나중에 하나님께 혼날 것만 같습니다. 오, 다시 말합니다. 우리가 죄를 용서받았다는 확신은 그리스도의 공로에서 오는 것이지, 회개라는 우리의 행위로 얻는 것이 아닙니다!

그렇다면 회개는 불필요한 것일까요? 결단코 아닙니다! 우리는 **회개하지 못하는 삶에서 회개하는 삶으로 구원받았습니다.** 회개란 무엇입니까? 하나님께로 돌이키는 삶입니다. 그러므로 우리의 매일은 회개로 가득해야 합니다. 회개를 멈출 때 타락이 시작됩니다.

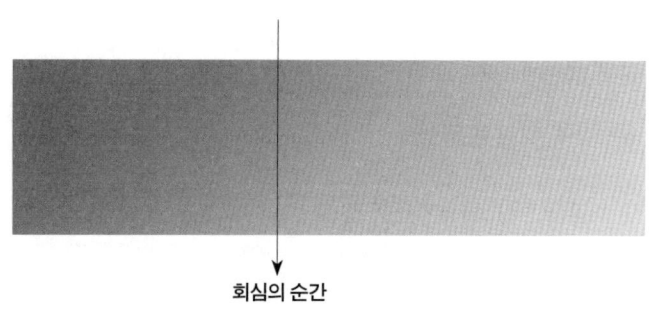

회심의 순간

바른 이해: 회개는 우리의 죄를 속한 그리스도의 십자가에 의지하여 평생토록 하나님께로 돌이키는 삶이다.

그러니 기쁘게 회개하십시오. 즐거이 우리 구주께 나아가십시오. 회개 기도를 하는 것은 물론이고 삶 전체를 하나님께로 돌이키십시오. 우리가 이미 죄를 용서받았고, 더 이상 정죄받지 않으리라는 소망을 근거로 늘, 매일 하나님께로 돌이키십시오.

하나님은 회개를 요구하셔야만 한다, 왜?

회개의 이유

근데 왜 자꾸 회개하라고 하시는 거지?

앞장에서는 회개와 속죄를 구분하며 회개의 참된 의미에 대해 생각해 보았습니다. 회개는 죄의 대가를 치르는 것이 아니라 이미 속죄를 이루신 그리스도의 공로를 근거로 우리의 마음과 삶을 돌이키는 것이라고 배웠지요.

물론 속죄, 즉 그리스도의 십자가가 우리의 모든 죄를 끝냈지만, 회개하지 않는다면 우리는 용서받을 수 없습니다. 그래서 우리 주님은 사역을 시작하면서 동시에 회개하라고 외치셨고(마 3:2, 막 1:15, 눅 5:32), 회개하지 않으면 망하리라고 말씀하셨습니다(눅 13:3, 5). 회개는 죄를 사함받는 필수 조건입니다.

여기서 한 가지 질문이 떠오를 것입니다. "십자가에서 우리의 죄를 끝내셨다면서 하나님은 왜 굳이 우리에게 회개를 요구하시지? 왜 자꾸 하나님께로 돌이키라고 말씀하시지? 이미 십자가에서 아들을 죽이심으로 당신의 공의와 사랑을 입증하시지 않았나?"

이 질문에 제대로 답변하기 위해서는 회개의 본질을 정확하게 이해해야 합니다. 이번에는 참된 회개와 잘못된 회개가 무엇인지 각각 살펴보며 회개의 본질에 대해 생각해 보려고 합니다. 먼저 잘못된 회개입니다.

회개의 잘못된 예 – 사울, "난 재네의 눈이 중요해"

아우구스티누스(Augustinus of Hippo, 354-430)는 "회개가 많은 사람들을 지옥으로 보내는구나!"라고 탄식했다고 합니다.[7] 많은 사람들이 잘못된 회개를 하고도 이미 회개했다고 안심하다가 오히려 하나님의 저주 아래 있는 것을 안타까워한 것이지요. 아우구스티누스의 이 말은 현재에도 유효합니다. 많은 사람들이 참된 회개를 모르고 있기 때문입니다.

잘못된 회개의 대표적인 예가 바로 '율법적 회개'입니다.[8] 율법적 회개는 잘못을 저지른 후, 그로 인해 무서운 형벌을 피할 수 없겠구나 하는 단순한 공포감 또는 후회의 감정, 고통 때문에 억지로 하는 회개를 가리킵니다. 율법적으로 회개하는 사람은 심판 끝에 등장할 형벌이 두려워서 회개합니다. 사실 **그가 두려워하는 것은 하나님이 아니라 하나님의 형벌**입니다.

이렇게 잘못된 방식의 회개를 사울의 예에서 볼 수 있습니다. 사울은 아말렉을 진멸하라는 하나님의 명령을 듣고도 욕심 때문에 불순종했고, 선지자 사무엘은 사울에게 와서 죄를 지적하고 하나님의 심판이 있을 것을 경고합니다(삼상 15:14-23). 사울은 그저 하나님께 제사를 드리기 위해 소와 양을 진멸하지 않고 끌고 왔을 뿐이라고 변명합니다(삼상 15:21). 하지만 사무엘은 "순종이 제사보다 낫고 듣는 것이 숫양의 기름보다 나으니"(15:22)라며 사울의 죄를 꾸짖습니다.

그러자 사울은 회개하는 듯 보입니다. "사울이 사무엘에게 이르되 내가 범죄하였나이다 내가 여호와의 명령과 당신의 말씀을 어긴 것은 내가 백성을 두려워하여 그들의 말을 청종하였음이니이다"(15:24). 그런데 본문을 자세히 읽어 보면, 그가 하나님을 향해 참된 회개를 하기보다 **하나님의 심판이 무서워서 회개하고 있음을** 알 수 있습니다. 바로 이어서 다음과 같이 말하기 때문입니다.

청하오니 지금 내 죄를 사하고 나와 함께 돌아가서 나로 하여금 여호와께 경배하게 하소서 하니(삼상 15:25).

여기서 말하는 "여호와께 경배"란 '승전 감사 제사'를 가리킵니다.[9] 고대의 전쟁은 보통 '신들의 전쟁'으로 여겨졌고, 왕이 전쟁에 나가 승리하면 자신이 하나님께 선택받은 사람이라는 것을 만방에 알리며 명예를 높일 수 있었지요. 사울의 입장에선 전쟁에서 이기고 돌아온 마당에 제사장 사무엘이 승전 감사 제사를 인도하지 않겠다고 거부하면, 백성들 앞에서 자신의 명예를 드높일 기회를 잃어버리게 될 테니 그리 말한 것입니다.

사울은 끊임없이 백성들을 두려워했습니다. 15장 9절은 "사울과 백성이 아각과 그의 양과 소의 가장 좋은 것 또는 기름진 것과 어린 양과 모든 좋은 것을 남기고 진멸하기를 즐겨 아니하고 가치 없고 하찮은 것은 진멸하니라"고 말하는데, 이는 하나님의 명령을 따르지 않은 것이 사울뿐만 아니라 백성들이 원하는 바였음을 보여줍니다.

사무엘이 사울을 꾸짖을 때도 사울은 "백성이 당신의 하나님 여호와께 제사하려 하여 양들과 소들 중에서 가장 좋은 것을 남김이요"(15:15)라고 변명하고, 자신은 하나님의 말씀대로 하려고 했지만 "다만 백성이 그 마땅히 멸할 것 중에서 가장 좋은 것으로 길갈에서 당신의 하나님 여호와께 제사하려고 양과 소를 끌어왔나이다"(15:21)라며 백성들의 눈치를 봤음을 고백합니다.

이러한 잘못된 회개가 사무엘에게 먹힐 리 없었고, 사무엘은 심판을 선언합니다. 그러자 사울이 뭐라고 말하는지 보십시오. 사무엘상 15장 30절입니다.

> 사울이 이르되 내가 범죄하였을지라도 이제 청하옵나니 내 백성의 장로들 앞과 이스라엘 앞에서 나를 높이사 나와 함께 돌아가서 내가 당신의 하나님 여호와께 경배하게 하소서 하더라.

아직도 사울은 백성들 앞에서 자신의 명예를 드러낼 생각만 하고 있습니다. 30절에서 '내가', '내', '나를', '나와', '내가'라는 말이 연속해서 나오는 것을 보십시오. 지금 사울의 눈에는 온통 자신밖에 보이지 않습니다. 백성과 장로들 앞에서 높임을 받지 못할까 봐, 사실 백성들에게 버림받을까 봐 두려워하고 있습니다. 사울에게는 명예와 안위가 그의 '하나님'이었습니다.

하나님이 아니라 하나님의 형벌이 두려워서 하는 회개는

참된 회개가 아닙니다. 이러한 회개로는 우리의 마음을 하나님께로 돌이킬 수 없습니다.

회개의 좋은 예 – 다윗, "난 지금 하나님밖에 안 보여"

다윗의 예는 사울의 예와 대조됩니다. 다윗은 경건한 왕이기는 했으나 그 역시 죄인이었고, 강력한 왕권에 취해 자기중심적으로 변해 갔습니다. 사무엘하 11장은 다윗이 타락했음을 극명하게 보여줍니다. 그는 여기서 충직한 부하 우리아의 아내 밧세바와 간음하고, 자신이 지은 죄를 덮기 위해 우리아를 죽여 버립니다.

다윗 역시 자아가 가득한 사람이었습니다. 유진 피터슨은 사무엘하 11장에서 가장 중요한 단어가 '보내다'라고 말하는데,[10] 실제로 이 단어의 용례를 잘 살펴보면 다윗이 얼마나 자기중심적인지 알 수 있습니다.

다음은 이 부분을 잘 설명한 김형익 목사의 설명입니다.

> 1절에서 다윗은 요압과 신복과 온 이스라엘 군대를 전쟁터인 랍바로 보냈습니다. 이것은 다윗의 힘과 권력을 보여줍니다. 3절에

서 다윗은 자기가 보았던 목욕하던 여인이 누구인지 알아보라고 사람을 보냈습니다. 그는 그냥 보내면 다 되는 힘있는 사람입니다. 4절에서 그는 또 사람을 보내어 그 여인 밧세바를 자기 방으로 불러오라고 합니다. 밧세바가 임신을 하게 되자, 다윗은 다시 6절에서 요압에게 사람을 보내어(기별하여) 우리아를 자기에게 보내라고 명합니다. 다윗은 우리아를 그의 아내 밧세바와 동침시키려는 자신의 계획이 이루어지지 않자 다시 그를 전쟁터로 보냅니다. 그리고 그의 손에 요압에게 보내는 편지를 보냅니다. 이 죄 이야기 속에 등장하는 다윗은 '보내는' 다윗입니다. 그는 보내기만 하면 됩니다. 그러면 사람들이 척척 말을 들어줍니다. 더 이상 그는 직접 칼을 손에 쥘 필요가 없고, 직접 상황을 알아보기 위해 갈 필요가 없습니다. 말만 하면 됩니다. 그는 힘있는 왕입니다.[11]

다윗은 기세가 등등합니다. 그는 4, 5, 6, 14, 27절에서 사람들을 보냅니다. 사무엘하 11장에서 그리고 있는 다윗은 사무엘상 15장에서 그리고 있는 사울보다 덜 이기적이지 않습니다. 오히려 훨씬 더 자기중심적이고 이기적이며 교활합니다. 사실상 사울보다 더 사악합니다.

그런데 갑자기 반전이 시작됩니다. 반복되던 '보내다'라는 동사가 12장 1절에서 이렇게 사용되면서 마무리되기 때문입니다. "여호와께서 나단을 다윗에게 보내시니." 다윗은 무소불위의 권력을 휘두르며 사람들을 보냈지만, 그보다 더 크신 왕께서 다윗에게 한 사람을 보내십니다. 그 사람은 담대한 심령으로 다윗에게 회개를 촉구합니다(삼하 12장).

무시무시한 죄를 범했지만 죄를 지적받은 다윗은 사울과는 다르게 반응했습니다. 변명하며 어떻게든 심판을 피하고자 했던 사울과는 달리 다윗은 진지하게 자신의 문제를 깨닫고 회개하며 돌이킵니다. 그가 회개하며 했던 말의 일부를 읽어 봅시다.

시편 51편은 다윗이 범죄한 후 선지자 나단이 그를 찾아왔을 때 했던 회개입니다.

> 내가 주께만 범죄하여 주의 목전에 악을 행하였사오니 주께서 말씀하실 때에 의로우시다 하고 주께서 심판하실 때에 순전하시다 하리이다(시 51:4).

다윗은 "내가 주께만 범죄하여"라고 말합니다. 그렇다고 다윗이 우리아나 그의 아내 밧세바에게는 죄책감을 느끼지 않았다는 말이 아닙니다. 다만 자신이 사람들에게 지은 사악한 죄의 본질은 하나님을 향한 반역이라고 생각한다는 의미입니다.[12] 다윗의 신경이 온통 하나님께만 가 있었다는 뜻이기도 합니다. 물론 우리아와 밧세바에게도 잘못했지만, 그가 가장 죄송해하는 대상은 하나님입니다. 이제 드디어 **다윗의 시선은 자아에서 하나님께로** 옮겨 갑니다. 이것이 바로 '복음적 회개'입니다. 김형익 목사의 설명을 다시 인용합니다.

> 율법적 회개는 죄의 결과로 받게 될 형벌이 두려워서 하는 것이지만, 복음적 회개는 하나님과의 관계를 망가뜨린 죄 자체 때문에 슬퍼한다. 율법적 회개는 우리가 너무나 비참하고 후회하고 있어서 그 죄를 용서받을 만한 자격이 있다는 것을 하나님께 납득시키는 자학의 한 형태로서, 결국 자기 의를 세우는 행위가 된다. 하지만 복음 안에서 우리는 예수님이 우리 때문에 고난을 당하셨고 비참해지셨다는 것을 안다. 따라서 용서를 획득하기 위해 우리 스스로를 괴롭게 할 필요가 없다.[13]

복음적으로 회개하는 사람들에게 회개는 고통스럽고 괴로운 일이 아닙니다. 그들의 관심은 온통 하나님께 가 있기 때문입니다. 그들이 느끼는 슬픔은 하나님께로 돌아가게 만드는 것이기에 그 끝에는 기쁨이 있습니다. 복음적 회개는 하나님을 다시 사랑하고 화해하며 즐거워하기 위한 회개입니다. 반면에 율법적 회개는 끊임없이 자기를 증명하기 위한 고행일 뿐입니다. 복음적 회개의 끝에 용서와 화목이 있다면, 율법적 회개의 끝에는 교만과 불만족과 거절감만 있습니다.

하나님은 회개를 요구하셔야만 한다, 왜?

복음적 회개만이 참된 회개라면, 회개란 죄를 속하는 것이 아니라 하나님께로 돌이키는 것이라는 1장에서의 정의가 확증됩니다. 따라서 하나님께서 우리에게 간절히 회개를 요구하시는 이유를 알 수 있습니다. 그것은 바로 우리를 사랑하시기 때문입니다. 하나님께서 우리에게 회개를 요구하지 않고 그저 죄를 용서해 주신다면 이렇게 말씀하시는 것과 같습니다. "너를 벌하지는 않겠다. 네가 나와 가깝지 않더라도 나는 상관없다."

그러므로 회개하라는 주님의 명령은 이런 메시지를 담고 있는 것입니다. "돌이켜라! 벌을 면하기 위해서가 아니라 나와 화목하기 위해 돌이켜라! 네가 받을 형벌은 이미 내가 다 받았다. 네가 돌이킨다면 용서받을 수 있는 근거를 모두 마련해 놓았으니 내게로 와서 나와 함께 먹고 마시자!"

이러한 이해를 가지고 다음의 말씀을 읽어 봅시다.

악인은 그의 길을, 불의한 자는 그의 생각을 버리고 여호와께로 **돌아오라** 그리하면 그가 긍휼히 여기시리라 우리 하나님께로 **돌아오라** 그가 너그럽게 용서하시리라(사 55:7).

여호와의 말씀이니라 배역한 자식들아 **돌아오라** 나는 너희 남편임이라 내가 너희를 성읍에서 하나와 족속 중에서 둘을 택하여 너희를 시온으로 데려오겠고(렘 3:14).

그가 이르시기를 너희는 각자의 악한 길과 악행을 버리고 **돌아오라** 그리하면 나 여호와가 너희와 너희 조상들에게 영원부터 영원까지 준 그 땅에 살리라(렘 25:5).

이스라엘아 네 하나님 여호와께로 **돌아오라** 네가 불의함으로 말미암아 엎드러졌느니라(호 14:1).

여호와의 말씀에 너희는 이제라도 금식하고 울며 애통하고 마음을 다하여 내게로 **돌아오라** 하셨나니(욜 2:12).

그러므로 너는 그들에게 말하기를 만군의 여호와께서 이처럼 이르시되 너희는 내게로 **돌아오라** 만군의 여호와의 말이니라 그리하면 내가 너희에게로 돌아가리라 만군의 여호와의 말이니라(슥 1:3).

이 말씀들 안에 얼마나 큰 사랑이 담겨 있습니까? 하나님은 우리를 사랑하기에 오늘도 뜨겁게 회개를 요구하십니다. 진지하고 강력하게 돌이킬 것을 요청하십니다.

그러니 회개하라는 하나님의 요청을 가벼이 여기지 마십시오. 회개는 고행을 요구하는 것이 아닙니다. 오히려 기쁨으로 돌아오라는 초대입니다.

회개에 대한 오해를 푸십시오. 하나님은 우리를 괴롭히거나 곤란하게 하려고 회개를 요구하시는 것이 아닙니다. 오히려 너무도 사랑하시기에 회개를 요구하십니다. 우리와 함께하고 싶어서 회개를 요구하십니다.

하나님께서 회개를 요구하시는 것은 우리에게 하나님을 사랑하라고 명령하시는 것과 같습니다. 아, 하나님께서 우리에게 당신을 사랑하라고 명령하십니다. 인간이 무엇이길래 우리더러 당신을 사랑하라고 명하실까요? **우리가 하나님을 사랑하지 않으면 당신에게 무슨 손해라도 나는 것처럼 우리를 위협**

하면서까지 하나님을 사랑하라고 명하십니다.[14] 하나님이 아닌 다른 것들을 사랑했던 죄를 모두 내려놓고 회개하며 하나님을 사랑하라고 명하십니다.

그러니 지금 생각나는 모든 죄를 겸손히 내려놓고 하나님께로 돌이키십시오. 나중으로 미루지 마십시오. 생각나면 하겠다고, 환경이 좀 변하면 하겠다고, 그럴 마음이 생기면 하겠다고 말하지 마십시오. 청교도 토머스 브룩스는 "하나님은 늦은 회개도 용납한다는 약속을 세우셨지, 늦은 회개가 괜찮다는 약속을 세우신 것이 아닙니다. 참된 회개는 결코 늦은 것이 아니지만, 늦은 회개는 거의가 참되지 않습니다"[15]라고 말합니다. 하나님께로 돌이키십시오. 뒤로 미루지 말고 지금 그분의 사랑 안으로 들어가십시오.

회개하는 마음은 인자하심에 기댄다

어떻게 회개할 것인가 – 실제 예 (1)

회개하려고 마음먹었다면 이제 뭐라고 하나님께 말씀드려야 할까요? 물론 회개는 회개 기도와 같은 것이 아닙니다. 하지만 우리의 진정한 돌이킴은 회개하며 부르짖는 기도로 드러납니다. 성경의 모든 신앙 인물들도 기도로 자신의 죄를 자복하며 하나님께 나아갔지요. 회개 기도는 회개하는 삶에서 정말 중요한 요소입니다.

성경의 많은 곳에서 회개 장면들이 등장하고, 각각 회개의 특정 부분을 잘 강조해 주고 있습니다. 특히 시편 51편은 다윗의 입을 빌어 회개의 실제 예를 잘 보여주고 있습니다. 마틴 로이드 존스는 이 시가 "회개의 교리 전체에 대한 탁월한 고전적 진술일 뿐만 아니라, 참된 그리스도인이 되고자 하는 사람이라면 누구나 반드시 거쳐야 하는 여러 단계와 과정들을 대단히 명료하면서도 설득력 있게 드러내고 있다"고 말합니다.[16]

이제 두 장에 걸쳐 시편 51편을 살펴보면서 회개의 실제 예를 보려고 합니다. 이번 장에서는 1-9절까지만 보겠습니다.

> [1] 하나님이여 주의 인자를 따라 내게 은혜를 베푸시며 주의 많은 긍휼을 따라 내 죄악을 지워 주소서
> [2] 나의 죄악을 말갛게 씻으시며 나의 죄를 깨끗이 제하소서
> [3] 무릇 나는 내 죄과를 아오니 내 죄가 항상 내 앞에 있나이다
> [4] 내가 주께만 범죄하여 주의 목전에 악을 행하였사오니 주께서 말씀하실 때에 의로우시다 하고 주께서 심판하실 때에 순전하시다 하리이다
> [5] 내가 죄악 중에서 출생하였음이여 어머니가 죄 중에서 나를 잉태하였나이다
> [6] 보소서 주께서는 중심이 진실함을 원하시오니 내게 지혜를 은밀히 가르치시리이다
> [7] 우슬초로 나를 정결하게 하소서 내가 정하리이다 나의 죄를 씻어 주소서 내가 눈보다 희리이다
> [8] 내게 즐겁고 기쁜 소리를 들려주시사 주께서 꺾으신 뼈들도 즐거워하게 하소서

⁹ 주의 얼굴을 내 죄에서 돌이키시고 내 모든 죄악을 지워 주소서

첫째, 자신을 바라보며 자신이 죄인임을 묵상하기(1-3절)

회개의 첫째 단계는 객관적으로 자신을 바라보며 자신이 죄인임을 인정하는 것입니다. 1-3절에서 다윗은 '죄악', '죄', '죄과'라는 단어를 사용하여 자신의 죄를 묘사합니다. 일반적으로 구약성경에서 죄를 가리키는 표현을 모아놓은 것인데, 이 단어들을 전부 사용하며 "하나님, 저는 죄인입니다. 죄란 죄는 몽땅 지은 놈입니다"라고 말하는 것과 같습니다.

엄밀히 말해 다윗은 "살인하지 말라"는 6계명과 "간음하지 말라"는 7계명을 어겼을 뿐입니다. 그럼에도 죄란 죄는 다 지었다고 고백하니 어찌된 일입니까? 사실 어떤 죄를 짓든 그것은 모두 하나님께 짓는 죄로서 서로 연결되어 있습니다. 그래서 야고보는 "누구든지 온 율법을 지키다가 그 하나를 범하면 모두 범한 자가 되나니 간음하지 말라 하신 이가 또한 살인하지 말라 하셨은즉 네가 비록 간음하지 아니하여도 살인하면 율법을 범한 자가 되느니라"(약 2:10-11)고 말했습니다.

살인하지 말라, 간음하지 말라 등 각각의 계명들은 율법을

주신 한 분 하나님의 뜻을 반영합니다. 각 계명은 나눌 수 없는 전체의 한 부분이기 때문에[17] 사람이 어떤 죄를 짓든 모든 죄를 지은 것과 같습니다. 그래서 다윗은 자신이 죄란 죄는 모두 지었다고 생각합니다.

다윗은 3절에서 말합니다. "무릇 나는 내 죄과를 아오니." 그는 자신의 죄를 자각합니다. "내 죄가 항상 내 앞에 있나이다." 이 말은 그가 가끔 기억날 때만 죄를 생각하는 게 아니라 항상 끊임없이 죄를 인식하고 있음을 가리킵니다.[18] 이러한 자기인식은 처음 나단 선지자가 다윗에게 와서 회개를 촉구할 때의 상황(삼하 12:1-6)과 관련이 있습니다. 나단은 한 성읍에 부자와 가난한 사람이 있었는데, 부자가 가난한 사람의 작은 암양 새끼 하나를 빼앗아 그의 손님을 대접한 예화를 들려줍니다. 다윗은 그 이야기가 자신을 향한 것인 줄도 모르고 "노하여 나단에게 이르되 여호와의 살아 계심을 두고 맹세하노니 이 일을 행한 그 사람은 마땅히 죽을 자라"(삼하 12:5)고 말하지요. 실제로 이 시기는 다윗이 범죄한 후 약 1년이 지났을 때이므로 다윗은 자신의 죄악을 까맣게 잊고 있었을 것입니다.

그러자 나단 선지자는 분을 내며 "당신이 그 사람이라"(삼하 12:7)고 말합니다. 이 부분을 설명하는 마틴 로이드 존스의 말을 들어보십시오.

나단이 비유를 들어 다윗에게 설명하자, 다윗은 서슴없이—자기가 바로 그 사람이라는 사실을 전혀 의식하지 못한 채—그 사건에 대한 진짜 평결을 내립니다. 그는 그 죄가 얼마나 무섭고 끔찍한지 압니다. 그 죄는 준엄한 벌을 받아 마땅하다고 생각했습니다. 전혀 변명의 여지가 없는 죄라고 말했습니다.[19]

그 평결은 다윗 자신에게 꼭 들어맞는 것이었습니다! 다윗은 하나님의 사랑과 보호로 돌보심과 인도하심을 받았고, 우리아는 다윗을 배반하지 않고 신실하게 그를 섬겼습니다. 그럼에도 불구하고 다윗은 우리아를 배신했을 뿐만 아니라 하나님을 배신했습니다. 그리고 나단이 이 사실을 일깨워 주었을 때, 여태 자신을 괜찮은 사람이라고 생각했을 다윗은 자신에 대한 확신을 모두 잃어버렸을 것입니다.

바로 이것, 자신에 대한 확신을 잃고 자신이 죄인이라고 생각하는 것, 이것이 회개의 시작입니다. 이것을 우리 자신에게 적용해 봅시다. 예를 들어, 당신이 한 노숙자를 집에 데려와 오랜 기간 동안 잘 섬겼다고 합시다. 먹이고 씻기고 돈 들여 교육도 시켰습니다. 지극 정성으로 보살펴 준 덕분에 그는 드디어 어엿한 사회 일원이 되어 사업을 하고 재산도 모으고 결혼도 하게 되었습니다.

그런데 그가 갑자가 돌변하여 당신을 욕하고 다니며 당신이 베풀어 준 것들을 깡그리 잊은 채 마치 혼자 힘으로 일어선 양 떠벌리고 다닌다면 어떻겠습니까? 때로는 면전에서 당신을 욕하고 괴롭힌다면요? 당신의 가족과 친구들을 괴롭힌다면요? 그 사람에 대해 어떤 생각이 들까요? 그 사람을 어떻게 대접해야 마땅할까요?

이야기를 조금 더 해보겠습니다. 얼마 후 그 사람은 사업이 쫄딱 망했습니다. 그리고 다시 노숙자 신세가 되었습니다. 당신은 그 사람이 무지 괘씸하지만 용서하고 다시 기회를 주기로 했습니다. 다시 먹이고 씻기고 재산을 얼마간 주어 재기의 발판을 마련해 주었습니다. 그는 또다시 성공합니다. 그런데 이번에도 그가 또 당신을 미워하며 욕하고 다닌다면 어떻겠습니까? 그를 어떻게 평가하겠습니까? 그를 어떻게 대해야 마땅할까요?

네, 지금 생각하는 그대로 생각하시는 게 마땅합니다. 왜 그런지 말씀드리지요. 선하신 하나님은 우리를 이 땅에 내시고 숨을 불어넣어 생명을 주셨습니다. 하나님께 빚지지 않고 태어난 사람은 아무도 없습니다. 하나님은 우리에게 가족과 생명, 물과 음식, 환경, 오락거리 등을 주어 이 세상을 살아가게 하셨습니다. 그럼에도 불구하고 우리는 하나님을 알지 못하고 멸시하며 무시하고 살아갔습니다. 가끔 어려운 일이 있을 때마다 "대체 신이라는 존재가 있긴 한 거야?"라고 말하면서요. 이러한 사람들에게 마땅한 판결은 하나님의 진노뿐입니다(롬 1:18 참조).

그러나 하나님은 우리를 용서하고 받으시기 위해 아들을 예비하셨습니다. 우리가 받아야 할 진노를 아들에게 대신 퍼부으셨습니다(사 53:10). 아들의 죽음과 부활로 우리는 죄 사함과 생명을 받았습니다. 그럼에도 우리는 또 죄를 지었습니다. 우리를 구속하신 하나님을 원망하고 때로는 이해하지 못해 미워했습니다. 생각해 봅시다. 아까 예로 든 노숙자와 우리가 다를까요? 사실 우리가 더 악합니다!

깊이 생각해 보십시오. 우리는 늘 자기중심적으로 생각하기에 자신의 죄를 잘 인정하지 못하고, 죄를 죄라고 말하기 싫어합니다. 특히 교회에서 회개하고 돌이키라고 요구하면 "교회가 사랑이 있어야지 왜 맨날 죄 얘기만 해?"라며 핀잔을 놓습니다. 하지만 하나님의 입장에서 생각해 보십시오. 우리의 일상이 얼마나 배은망덕한지 말입니다.

참으로 회개하는 사람은 자신의 죄를 보며 그것이 어떻게 하나님을 슬프게 하고 노하게 만들었는지 생각합니다. 내가 하나님께 했던 것과 똑같은 짓을 누군가에게 당한다면 엄청

분노하겠지요. 그런 것처럼 자신을 객관화하여 하나님 앞에 세워 보면 자신이 죄인임을 정직하게 고백하게 됩니다. 다윗처럼 "내가 죄악 중에서 출생하였음이여 어머니가 죄 중에서 나를 잉태하였나이다"(5절)라고 고백하겠지요. "저는 죄란 죄는 다 지은 놈입니다!"라고 겸손히 말하게 될 것입니다. 이렇게 깨닫는 것이 회개의 첫 번째 단계입니다.

둘째, 하나님을 바라보며 그분의 의로우심을 묵상하기(4-6절)

4절을 보십시오. 다윗은 자신이 "주께만 범죄하여"라고 말합니다. 3장에서 살펴보았듯, 다윗은 여기서 자신이 지은 간음과 탐심과 살인죄가 무엇보다 하나님께 반역하는 일임을 고백합니다. 사람에게 지은 죄가 하나님을 향해 있음을 고백하는 것입니다. 그의 마음은 온통 하나님께 쏠려 있습니다. 하나님께 용서받지 못하면 자신은 어디서도 용서받지 못한다고 생각합니다.

게다가 4절 후반부에서 다윗은 하나님의 의로우심을 생각합니다. 개역성경은 "주께서 말씀하실 때에 의로우시다 하고 주께서 심판하실 때에 순전하시다 하리이다"라고 말하지만,

히브리어 성경을 바르게 번역한다면 "주께서 말씀하실 때에 주는 옳으시며 주께서 판결하실 때 주는 순전하십니다"라고 해야 합니다.[20]

다윗은 지금 "하나님께서 저를 정죄하시더라도, 그것은 의로운 판결입니다. 하나님은 의롭고 공평하시기 때문에 저를 죄인으로 판결하시더라도 그게 옳습니다"라고 말하는 것입니다. 바울도 마찬가지로 말합니다. "[내가 사람의 말하는 대로 말하노니] 진노를 내리시는 하나님이 불의하시냐 결코 그렇지 아니하니라"(롬 3:5-6).

더욱이 6절을 보십시오. 주님은 중심이 진실하기를 원하시는 분이기 때문에 늘 지혜를 가르치십니다. 하지만 우리는 죄 중에 출생했고 원죄가 있는 사람들입니다(5절). 즉 하나님께서 끊임없이 내게 지혜를 가르쳐(특히 율법을 가르쳐) 죄를 멀리하도록 도와주셨는데 내가 이렇게 죄를 범하는 것을 보니 나는 정말로 원죄가 있는 사람이라는 의미입니다! 또는 "하나님께서 이렇게 선대해 주셨는데도 제가 범죄했습니다"라고 고백하는 것이지요.

조금 더 깊이 생각해 봅시다. 아까의 예를 다시 들지요. 같은 상황을 놓고 어떤 사람은 이렇게 생각할 수 있습니다. '그 노숙자가 아주 잘못했네. 자기를 도와준 사람한테 왜 그렇게 배은망덕하게 굴었지?' 그런가 하면 이렇게 생각하는 사람도 있을 것입니다. '노숙자를 도운 것은 사실이지만 그 와중에 갑질하고 인격적으로 모독한 게 아닐까?' 그렇습니다. 인간은 죄인이기 때문에 선의로 다른 사람을 도울 때에라도 그 과정에 죄가 섞여 들어갈 수 있습니다.

그러나 하나님은 다릅니다. 하나님은 어떤 식으로든 우리를 잘못 대하지 않으셨습니다. 한 번도 의롭지 않으신 적이 없습니다. 오히려 여러 방식으로 우리를 돌이키기 위해 노력하셨습니다. 하나님의 말씀인 성경을 주셨을 뿐 아니라 때때로 설교 같은 기회를 통해 죄가 무엇인지, 은혜가 무엇인지, 구속이 무엇인지 알려 주셨습니다. 하나님은 신실하시지만 우리는 아닙니다. 하나님은 의로우시지만 우리는 불의합니다.

따라서 우리는 그분에게 책임을 전가할 수 없습니다. 우리는 하나님께 잘못한 것밖에 없지만, 하나님은 우리를 늘 선하게 대해 주셨습니다. 때로 우리가 이해하지 못하는 고난이 존재하지만, 그 모든 것은 결국 하나님의 선하신 계획의 일부로서 우리의 죄를 죽이고 그분의 선을 이룰 것입니다(롬 8:28 참조).

다윗은 먼저 자신을 바라보고 자신이 죄인임을 깨닫고, 하나님을 바라보며 그분은 어떤 잘못도 하지 않으셨음을 깨닫습니다. 우리 역시 자신이 어떤 존재인지 바라보고, 또한 하나님을 바라본다면 우리가 지은 죄가 얼마나 큰지 다시 한 번 깨닫게 될 것입니다. 다윗이 하나님을 묵상하며 바라보았듯 우리 역시 하나님의 성품을 생각하며 자신을 돌아봅시다. 이것이 회개의 두 번째 단계입니다.

셋째, 십자가를 바라보며 용서를 구하기(7-9절)

그 다음은 무엇입니까? 다윗은 이제 7-9절에서 자신의 죄를 씻어 달라고 말합니다. 앞서 다윗은 1-2절에서 '죄악', '죄', '죄과'라는 세 단어를 사용해 자신이 죄란 죄는 모두 지은 악인임을 고백했습니다. 그런데 이제는 '정결하게'(2, 7절), '씻어'(2, 7절), '지워'(1, 9절)라는 세 단어를 사용해 자신이 지은 죄들을 다 용서해 달라고 간구합니다. 자신이 범한 죄만큼이나 풍성한 하나님의 자비와 은혜를 구하는 것입니다. 다윗은 지금 "제가 죄란 죄는 몽땅 지었으나 그것들을 하나도 남김 없이 용서해 주십시오"라고 간구하고 있습니다.

다윗은 열렬하게 은혜를 구하고 있습니다. 그는 다양한 용어를 사용해 은혜를 갈망합니다. 자신이 지은 죄가 나쁘다는 것을 깨닫는 깊이만큼 용서와 은혜를 갈망하는 마음도 깊습니다. 우리가 살아가면서 하나님의 은혜를 간절히 구하지 않는 이유는, 대체로 우리가 얼마나 커다란 죄를 짓고 사는지에 무심하기 때문입니다. 많은 죄일수록 큰 은혜가 필요한 법입니다. 바울이 "죄가 더한 곳에 은혜가 더욱 넘쳤나니"(롬 5:20)라고 말한 바가 바로 그런 의미이지요.

다윗은 7절에서 '우슬초'로 자신을 정결하게 해달라고 말합니다. 우슬초는 부정함을 없애는 의식에 사용되던 약초로서 문둥병 환자가 나았을 때 그를 정결케 하는 예식(레 14:4-6)과 시체를 만져서 부정해진 사람을 씻는 의식(민 19:18)에 사용되었습니다. 유월절에 피를 인방에 뿌릴 때도 사용되었습니다(출 12:22).[21]

우슬초로 자신을 정결하게 해달라는 말은, 오늘을 살아가는 우리에게 어떻게 적용할 수 있을까요? 히브리서 9장 19-22절은 우슬초를 사용해 피 뿌리는 의식을 언급하면서 "율법을 따라 거의 모든 물건이 피로써 정결하게 되나니 피 흘림이 없은즉 사함이 없느니라"(22절)고 말합니다. 그리고 28절에 "그리스도도 많은 사람의 죄를 담당하시려고 단번에 드리신바 되셨고"라며 우슬초의 피 뿌림이 결국 예수 그리스도의 죽으심을 가리키는 것임을 말합니다.[22]

즉 우리의 회개는 그리스도의 속죄에 의지해서 하는 것입니다. 이것이 바로 회개의 중요하고도 분명한 세 번째 단계입니다. 우리는 자신이 죄인임을 생각하고 고통스러워하며 우리가 돌이켜야 하는 대상인 하나님의 완전하심과 신실하심을 생각합니다. 그럴수록 자신이 죄인이라는 사실을 더 깊이 깨닫게 되지요. 그런데 거기서 그치는 것은 참된 회개가 아닙니다. 한 걸음 더 나아가 그리스도가 우리를 위해 죽으시고 죗값을 다 치르신 것까지 바라보아야 바른 회개입니다.

잠시 자신의 죄를 바라보았던 시선을 돌려 십자가에 달리신 우리 구주 그리스도를 바라봅시다. 저기 저 골고다 언덕에 두 죄수와 함께 계신 우리 구주는, 살이 찢어지고 뼈가 드러날 만큼 잔인한 채찍질을[23] 당하신 후에 가시 대추야자로 만든, 머리를 깊이 찌르는 면류관을 쓰셨습니다. 우리가 가끔 보는 십자가 그림과는 다르게, 예수님은 위아래로 아무것도 입지 않으셨고, 그것은 하나님의 아들이 당하신 가장 수치스러운 일이었습니다.

성경은 이러한 그리스도의 고통을 가리켜 우리가 당해야 하는 하나님의 진노를 대신 당하신 것이라고 말합니다(고전 15:3, 벧전 3:18 참조). 따라서 우리가 지은 가장 큰 죄라도 그리스도가 이미 십자가에서 그 값을 치렀습니다. 우리가 지은 죄와 하나님의 거룩하심을 생각할 때 아무리 큰 죄책감이 든다 하더라도 십자가에 달리신 그리스도를 생각한다면 우리는 정죄감에 사로잡힐 수 없습니다. 오히려 더 큰 은혜를 바라보게 됩니다.

회개하기 위해 무릎을 꿇을 때마다 로버트 머리 맥체인의 말을 기억하십시오.

> 주 예수를 힘써 배우게. 자신을 한 번 주목할 때 그리스도에 대해서는 열 배로 주목하게. 그리스도는 참으로 사랑스러우신 분이라네. 그토록 무한한 위엄 가운데 계시면서도 죄인들을 향해 한없는 은혜와 자비를 베푸시네. 죄인의 괴수에게조차 말일세. 하나님의 미소를 한껏 누리게. 그분의 빛나는 광채에 온몸을 녹이게.[24]

그리스도의 십자가를 바라보며 용서를 구할 때 하나님은 우리를 거절하지 않으십니다. 아니, 그리스도가 우리 죄를 위해 죽으셨기에 거절하실 수 없습니다! 하나님은 다시 우리를 기쁘게 받으시고, 그분의 은혜 안에서 화평을 누리게 하실 것입니다. "그러므로 우리가 믿음으로 의롭다 하심을 받았으니 우리 주 예수 그리스도로 말미암아 하나님과 화평을 누리자"(롬 5:1).

인자하심에 기대어 나아가기, 뻔뻔하게

다시 1절로 돌아가 봅시다. 다윗은 하나님께 '주의 인자'를 따라 자신에게 은혜를 베풀어 달라고 말합니다. 여기서 '인자'라고 번역된 단어는 히브리어로 '헤세드'인데, 사실 너무나도 뜻이 많아 딱 들어맞는 우리말을 찾기가 힘듭니다. 사전적인 정의는 "한 사람이 다른 사람을 대할 때 보이는 신실함, 변치 않는 사랑, 또는 인자함과 베풂의 성향"[25]인데 조금 더 설명이 필요합니다.

첫째, '헤세드'는 하나님의 신실하고 언약적인 사랑을 가리킵니다. 이는 하나님께서 우리의 행위나 공로 때문이 아니라 하나님 스스로가 우리를 사랑하겠다고 약속하셨기 때문에 베푸시는 사랑입니다. 예를 들어, 신명기 7장 7 8절은 "여호와께서 너희를 기뻐하시고 **너희를 택하심은** 너희가 다른 민족보다 수효가 많기 때문이 아니니라 너희는 오히려 모든 민족 중에 가장 적으니라 여호와께서 **다만 너희를 사랑하심으로 말미암아**, 또는 너희의 조상들에게 하신 맹세를 지키려 하심으로 말미암아 자기의 권능의 손으로 너희를 인도하여 내시되"라고 말합니다.

하나님께서 이스라엘 백성을 택하고 사랑하신 것은 그들

에게 그럴 만한 공로나 자격이 있어서가 아닙니다. 그저 그들을 사랑하시기 때문에, 더 정확히 말하자면 그들을 사랑하기로 정하고 약속하셨기 때문에 사랑하시는 것입니다. 따라서 '헤세드'의 사랑을 받는 사람은 자신의 어떤 행동 때문에 거절당할까 봐 두려워하지 않습니다. 언제든 하나님께서 신실하게 받아주실 것을 알고 믿음으로 나아갑니다.

둘째, '헤세드'는 분에 넘치는 사랑을 가리킵니다. 예를 들어, 룻기에서 보아스가 룻에게 한 말에 이 단어가 나옵니다. "그가 이르되 내 딸아 여호와께서 네게 복 주시기를 원하노라 네가 가난하건 부하건 젊은 자를 따르지 아니하였으니 네가 베푼 **인애**가 처음보다 나중이 더하도다"(룻 3:10).

여기서 '인애'라고 번역된 단어가 바로 '헤세드'입니다. 룻기를 잘 살펴보면 룻은 시어머니인 나오미에게 늘 **필요 이상으로** 호의를 베풀었습니다. 룻은 남편이 죽은 후에도 시어머니 나오미를 따랐고, 그녀를 위해 일했으며, 결국 보아스를 만나 기업 무를 자를 낳아 나오미의 혈통이 되게 했습니다. 그래서 보아스는 룻에게 "네가 베푼 **인애(헤세드)**가 처음보다 나중이 더하도다"라고 말합니다.

이처럼 우리를 사랑하시는 하나님의 사랑, 인자하심도 분에 넘치도록 너그럽고 풍성합니다. 하나님은 단순히 우리의 죄를 용서하실 뿐 아니라 잃어버렸던 그분과의 관계도 회복시켜 주시고, 의를 행하지 않은 우리를 의롭다, 거룩하다 하십니다. 하나님을 잘 아는 다윗은 이러한 사랑에 의지해 "하나님이여 주의 인자(헤세드)를 따라 내게 은혜를 베푸시며"라고 구하는 것입니다.

우리 역시 다윗처럼 구할 수 있습니다. 우리가 하나님께 한 행동을 생각한다면 하나님은 우리에게 용서를 베푸실 의무가 없습니다. 하지만 하나님은 신실하게 인자하신 분이기에 회개할 때마다 우리를 용서하십니다. 우리를 용서하실 의무가 있기라도 한 것처럼 말입니다. 그 앞에서 뻔뻔해지십시오. 죄를 안고 용서받지 못한 채 비참하게 살 바에야 뻔뻔하게 하나님 앞에 나아가 그분의 인자에 의지해 용서를 구하십시오. 그리고 이 말씀을 확신히 붙잡고 믿으십시오.

> 여호와께서 그의 앞으로 지나시며 선포하시되 여호와라 여호와라 자비롭고 은혜롭고 노하기를 더디하고 인자(헤세드)와 진실이 많은 하나님이라(출 34:6).

회개하는 마음은 회복을 소망한다

어떻게 회개할 것인가 - 실제 예 (2)

죄는 우리에게 죄책감을 안겨 주는 것으로 끝나지 않습니다. 더 거대한 고통을 가져다줍니다. 성령의 인도를 받았던 신자의 마음에 지워지지 않는 큰 상처를 남기며 그를 하나님과 멀어지게 합니다. 그뿐 아닙니다. 죄는 공동체와 가정을 짓밟고 파괴합니다. 특히 목회자나 가장이 지은 죄는 교회와 가정을 산산조각 내버립니다. 따라서 죄가 휩쓸고 지나간 자리에는 늘 회복된 새 생명이 필요합니다.

다윗은 1-9절에서 죄를 용서받기 위해 간절히 기도하는 단계를 지나, 이제는 죄로 인해 망가진 자신과 자신이 속한 이스라엘 공동체의 회복을 위해 간절히 기도합니다. 앞장에 이어 이 장에서는 10-19절에서 회개의 실제 예를 살펴보겠습니다.

¹⁰ 하나님이여 내 속에 정한 마음을 창조하시고 내 안에 정직한 영을 새롭게 하소서

¹¹ 나를 주 앞에서 쫓아내지 마시며 주의 성령을 내게서 거두지 마소서

¹² 주의 구원의 즐거움을 내게 회복시켜 주시고 자원하는 심령을 주사 나를 붙드소서

¹³ 그리하면 내가 범죄자에게 주의 도를 가르치리니 죄인들이 주께 돌아오리이다

¹⁴ 하나님이여 나의 구원의 하나님이여 피 흘린 죄에서 나를 건지소서 내 혀가 주의 의를 높이 노래하리이다

¹⁵ 주여 내 입술을 열어 주소서 내 입이 주를 찬송하여 전파하리이다

¹⁶ 주께서는 제사를 기뻐하지 아니하시나니 그렇지 아니하면 내가 드렸을 것이라 주는 번제를 기뻐하지 아니하시나이다

¹⁷ 하나님께서 구하시는 제사는 상한 심령이라 하나님이여 상하고 통회하는 마음을 주께서 멸시하지 아니하시리이다

¹⁸ 주의 은택으로 시온에 선을 행하시고 예루살렘 성을 쌓으소서

¹⁹ 그때에 주께서 의로운 제사와 번제와 온전한 번제를 기뻐하시리니 그때에 그들이 수소를 주의 제단에 드리리이다

넷째, 마음이 회복되기를 구하기(10-12절)

다윗은 이제 자신의 마음이 회복되기를 간절히 구합니다. 그는 '정한 마음'과 '정직한 영', '구원의 즐거움'과 '자원하는 심령'을 달라고 말합니다. 이러한 표현들은 모두 하나님께서 죄악된 우리에게 베풀어 주시는 새로운 마음을 가리킵니다. 그것은 다윗이 그동안 '부정한 마음'과 '거짓의 영', '죄악의 즐거움'과 '냉담한 심령'만 가지고 있었음을 의미하기도 합니다.

다시 다윗의 범죄에 대해 생각해 봅시다. 이 책 2장에서 살펴본 바와 같이 그는 사람들을 이리저리 보내며 막강한 권력을 휘둘렀고, 밧세바를 차지했을 때에는 죄를 짓고서도 죄책감을 느끼지 못할 정도로 완악했지요. 젊은 시절 고난에 둘러싸여 살 때는 그토록 경건하고 하나님 앞에서 예민했던 다윗이 이 시기에는 마음이 굳어진 것입니다. 아마 열렬한 기도를 드려 본 지 오래 되었을 것이고, 하나님의 말씀을 즐거이 묵상하며 만족했던 삶도 과거가 되었을 것입니다. 사울에게 쫓기며 가진 것 없이 빈곤하게 살 때 그의 마음을 채웠던 구원의 즐거움과 하나님과의 교제가 이제 다 사라지고 욕망만 남은 것입니다.

하지만 용의주도하신 하나님은 다윗이 마냥 '행복하지' 못하도록 장치를 해두셨습니다. 사무엘하 11장 4-5절을 봅시다. "다윗이 전령을 보내어 그 여자를 자기에게로 데려오게 하고 그 여자가 그 부정함을 깨끗하게 하였으므로 더불어 동침하매 그 여자가 자기 집으로 돌아가니라 그 여인이 임신하매 사람을 보내 다윗에게 말하여 이르되 내가 임신하였나이다 하니라."

밧세바는 단 한 번의 동침으로 임신을 합니다. 아마 다윗의 속셈은 그저 하룻밤 밧세바와 즐기고 입을 막아 버리면 된다는 것이었겠지요. 그에게는 밧세바를 향한 사랑조차 없었던 것 같습니다. 구약학자 월터 브루그만은 다윗의 행동을 이렇게 묘사합니다. "다만 행동만 있을 뿐이다. 대화도 없었다. 서로 아끼고, 애정을 나누는 등의 기미도 없었으며, 다만 욕정만 있었다. 다윗은 그녀를 이름으로 부르지 않았으며, 그녀에게 말도 꺼내지 않았다. 대면의 마지막에 이르러 그녀는 다만 '그 여인'(5절)이었다."[26]

다윗은 아마도 자신이 모든 것을 조종할 수 있다고 생각했을 것입니다. 그러나 실제로는 아무것도 조종하지 못했습니다. 단 한 번의 관계로도 아이를 갖게 할 수 있는 이는 오직 하나님이시니까요. 다윗은 그 일을 조용히 덮으려 했겠지만 임신 때문에 그럴 수 없었습니다.

그래서 다윗은 우리아를 죽여서 이 모든 일을 수습하려 합니다. 유진 피터슨이 말하듯 "일시적인 음탕심에서 시작된 일이 성범죄와 살인이 뒤얽힌 극악한 죄로 발전"했지요.[27] 군인이었기에, 남자였기에 의리와 신실함을 중시했을 다윗이 이러한 상황에서는 눈도 깜짝하지 않고 우리아를 모살합니다.

이것이 바로 다윗이 경험했던 굳어진 마음의 실체입니다. 그에게는 '부정한 마음'과 '거짓의 영', '죄악의 즐거움'과 '냉담한 심령'만이 가득했지요. 아마도 다윗은 나단의 지적을 받고 나서야 비로소 정신을 차리고 자신의 죄악을 깨달았을 것입니다. 그리고 단순히 자신의 **행동뿐 아니라 마음이** 문제라는 것을 깨닫게 되었지요.

그는 아무런 가책 없이 이 모든 일을 순식간에 저질렀습니다. 간음을 하고 살인을 저지르는 과정에서 일말의 죄책감이 들 법도 한데 전혀 그렇게 보이지 않습니다. 이로 인해 다윗은 자기 마음이 부정해졌고 거짓으로 가득 찼다는 것을 알지 않았을까요? 어쩌면 그는 그저 사랑(?)을 하고 있다고 생각했는지도 모릅니다. 잠시의 정욕이었을 뿐인데요. 그는 죄가 주는 알량한 즐거움에 취해 있었습니다. 그리하여 하나님께 매일 제사 드리고 율법을 묵상할 때에도 적극적이지 않고 냉담한 상태였을 것입니다.

우리가 짓는 모든 죄도 같습니다. 오랫동안 되풀이되는 죄를 계속 짓고 살아간다면, 진짜 문제는 그러한 행동이 아니라 그러한 행동을 일으키는 마음입니다. 따라서 죄를 용서받고 끝나는 게 아니라 죄 짓는 성향이 변화되어야 합니다. 늘 죄에 빠져 사는 사람들은 '부정한 마음'과 '거짓의 영', '죄악의 즐거움'과 '냉담한 심령'의 지배를 받습니다. 그러니 우리도 다윗처럼 '정한 마음'과 '정직한 영', '구원의 즐거움'과 '자원하는 심령'을 달라고 간구해야 합니다.

이러한 마음은 절대로 우리 스스로 가질 수 없습니다. 10절에서 다윗은 정한 마음을 '창조'해 달라고 구합니다. 여기서 '창조하다'라는 동사는 하나님의 천지창조를 묘사할 때 사용된 단어(바라흐, 창 1:1)입니다.[28] 다윗은 "내게는 이러한 마음이 존재하지 않으니 하나님께서 내 안에 만들어 주셔야만 합니다"라고 간구하고 있는 것이지요. "또 새 영을 너희 속에 두고 새 마음을 너희에게 주되 너희 육신에서 굳은 마음을 제거하고 부드러운 마음을 줄 것이며"(겔 36:26).

이것이 바로 회개의 네 번째 단계입니다. 죄를 고백하고 용서받으면 회개가 끝난다고 흔히 생각하지만, 사실 하나님께로 돌이키는 마음의 회개는 여기서부터가 진짜 시작입니다. 단순히 죄에 대한 책임을 면제받는 정도가 아니라 죄에 영향을 받아 일그러진 마음이 회복되기를 구해야 합니다.

다섯째, 하나님을 기뻐할 수 있게 해달라고 구하기(11, 13-17절)

11절을 보십시오. 다윗은 자신의 죄악 때문에 벌어질 결과를 두려워합니다. 그는 "나를 주 앞에서 쫓아내지 마시며 주의 성령을 내게서 거두지 마소서"라고 말하며 하나님과의 관계가 끊길 것을 두려워합니다. 여기서 특히 성령을 거두지 말라고 간구하는 것이 대단히 중요합니다. 다윗은 왕으로 기름부음 받은 날 이후로 성령이 충만했기 때문입니다. "사무엘이 기름 뿔병을 가져다가 그의 형제 중에서 그에게 부었더니 이날 이후로 다윗이 여호와의 영에게 크게 감동되니라"(삼상 16:13).

물론 본문은 신자에게 한번 임재하신 성령님이 떠나기도 하신다는 것을 말하려는 게 아닙니다. 우리에게 임하신 성령은 영원토록 함께하십니다(요 14:16 참조). 그러나 죄 가운데 있는 신자의 마음 안에서 성령님은 슬퍼하고 근심하며 소멸하십니다(엡 4:30, 살전 5:19 참조). 따라서 하나님과의 깊은 교제도 없어지고 우리의 심령은 차갑게 메마르고 맙니다.

다시 다윗의 이야기를 생각해 봅시다. 우리아가 죽었다는 소식을 전달받은 다윗은 이제 모든 것이 깔끔하게 끝났다고 생각했을는지 모릅니다. 이 모든 일은 신속하고 재빠르게 이루어졌기 때문에 사람들은 다윗의 죄를 거의 눈치채지 못했을 것입니다. 밧세바조차 다윗의 계략을 알지 못했지요. 밧세바는 우리아가 죽은 것을 안 후 큰 슬픔에 젖어 있었고(삼하 11:26), 다윗은 합법적이고도 자연스럽게 그녀를 아내로 불러들입니다. 그리고 밧세바는 아이를 낳습니다. "그 장례를 마치매 다윗이 사람을 보내 그를 왕궁으로 데려오니 그가 그의 아내가 되어 그에게 아들을 낳으니라"(삼하 11:27).

여기서 염두에 둘 것이 있습니다. 다윗이 간음하고 우리아를 죽인 직후에 나단이 와서 다윗에게 회개를 촉구한 게 아니라는 사실입니다. 밧세바를 아내로 맞이하고 아들을 낳고 나서야 나단이 찾아왔으니 죄를 저지르고 약 1년간은 **아무런 문제 없이 평온한 나날들이 지속**되었겠지요. 그러나 성경은 분명히 말합니다. "다윗이 행한 그 일이 여호와 보시기에 악하였더라"(삼하 11:27).

그 1년간 다윗은 어땠을까요? 다윗의 사랑(?)을 방해하던 것들이 모두 사라졌고, 다윗은 형식적으로나마 여러 신앙의 의무들을 게을리하지 않았을 것입니다. 아마 기도도 했을 것이고, 제사도 드렸을 것이고 백성들과 신하들에게 말씀을 가르쳤을지도 모릅니다. 하지만 하나님과 나누던 사랑의 교제는 끝났을 것이고, 기도해도 돌아오는 것은 하나님의 은혜가 아니라 차가운 거절감이었을 것입니다. 즉 성령이 떠난 느낌을 받았을 것입니다. 그래서 다윗은 주의 성령을 자신에게서 거두지 말아 달라고 간구한 것입니다.

이후 다윗은 13-17절에서 하나님을 향한 기쁨을 회복시켜 달라고 간구합니다. 다시 마음을 돌이키고 회복시켜 주신다면, 죄인들에게 다시 하나님의 말씀을 기쁘게 가르칠 수 있을 것이고(13절), 주의 의를 높이 노래하고(14절), 주를 찬송하며 전파할 것이라고 말합니다(15절). 죄에 깊이 빠져 지내던 1년 넘는 기간 동안, 다윗의 입술에서 찬양은 사라지고 말씀을 전하려는 열정도 식었기에 다윗은 그렇게 기도했을 것입니다.

근본적으로 **찬양과 전도는 기쁨을 수반**합니다. 맛있는 음식을 먹으면 우리는 "우와, 이 음식 맛있다"라고 음식을 찬양(?)하고 다른 사람들에게 먹어 보라고 전도(?)합니다. 마찬가지로 정말 훌륭한 사람을 만나서 대화하면 그에게 매료되어 그를 칭찬(찬양)하고 다른 사람들에게도 그를 칭찬(전도)하게 됩니다. 내가 기쁨을 느끼지 않는 대상을 찬양하거나 다른 사람들에게 전하는 일은 하지 않습니다. 그래서 영국의 문학가이자 변증가인 C. S. 루이스는 "찬양은 단순히 우리의 즐거움을 표현해 줄 뿐 아니라 완성해 준다"[29]라고 말합니다.

하나님은 온 우주에서 가장 매혹적이고 탁월하며 아름다운 분이십니다. 그분에 비할 존재는 아무것도 없습니다. 그래서 한때나마 다윗도 "여호와 우리 주여 주의 이름이 온 땅에 어찌 그리 아름다운지요"(시 8:1, 9)라고 노래했던 것입니다.[30] 하지만 그토록 기쁘게 하나님을 노래했던 다윗의 마음은 어느새 냉담하고 시들해졌습니다. 그래서 그는 죄인들을 향한 말씀 전파의 열정과 찬양의 열정을 회복시켜 달라고 구한 것입니다. 하나님을 향한 즐거움을 회복시켜 달라고 말한 것입니다.

우리의 마음은 어떻습니까? 기쁨과 벅참으로 힘껏 찬양을 마지막으로 불렀던 때가 언제입니까? 이웃에게 복음을 전하고 싶어 안달하던 열정이 지금 사라지지는 않았습니까? 이것은 단순히 열정이 식은 문제가 아닙니다. 열심을 내면 해결될 문제도 아닙니다. 이것은 사랑하는 대상이 바뀐 문제이고, 즐거워하는 대상이 잘못된 문제입니다. 하나님보다 다른 것들을 더 즐거워하기 시작한 것입니다. 성경은 이것을 우상숭배라고 말합니다.

하나님은 냉담한 마음으로 드리는 예배를 기뻐하지 않으십니다. 하나님을 기뻐하지 않는 예배는 하나님도 기뻐하지 않으십니다. 그래서 다윗은 16절에 "주께서는 제사를 기뻐하지 아니하시나니 그렇지 아니하면 내가 드렸을 것이라 주는 번제를 기뻐하지 아니하시나이다"라고 말한 것입니다. 우리 주님도 여러 번 이러한 종류의 외식을 경고하셨지요. "이 백성이 입술로는 나를 공경하되 마음은 내게서 멀도다"(마 15:8).

마찬가지로 하나님은 우리가 하나님께 냉담한 채 예배드리고 교회생활 하는 것을 기뻐하지 않으십니다. 그분은 상하고 통회하는 심령을 기뻐하십니다. 다시 말해, **주님은 우리가 냉담하기보다 차라리 슬퍼하는 것을 기뻐하신다**고 표현할 수 있겠습니다. 그래서 다윗은 이렇게 간구합니다. "하나님께서 구하시는 제사는 상한 심령이라 하나님이여 상하고 통회하는 마음을 주께서 멸시하지 아니하시리이다"(17절).

이것이 회개의 다섯 번째 단계입니다. 네 번째 단계가 죄악된 마음에서 돌이키기를 구하는 것이었다면, 다섯 번째 단계는 그 마음이 하나님을 기뻐하는 쪽으로 향하게 해달라는 것이지요. 죄악 속에서 냉담했던 자신의 마음이 상한 심령을 거쳐 하나님을 기뻐하는 마음으로 변화되기를 구하는 것, 이것이 진정 복음적으로 회개하는 사람의 간구입니다.

여섯째, 공동체가 회복되기를 구하기 (13, 18-19절)

다윗은 왕이었고, 따라서 백성들에게 모범을 보이고 교훈을 줌으로써 도덕적 지침을 제공해야 했습니다.[31] 하지만 그는 범죄했고 문제가 생겼습니다. 이러한 사람이 다시 백성들을 가르치고 모범을 보일 수 있을까요? 그것은 철저히 돌이켰을 때에만 가능한 일입니다.

12절과 13절을 연결해 읽어 봅시다.

> [12] 주의 구원의 즐거움을 내게 회복시켜 주시고 자원하는 심령을 주사 나를 붙드소서
> [13] 그리하면 내가 범죄자에게 주의 도를 가르치리니 죄인들이 주께 돌아오리이다

그리하면! 즉 하나님께서 용납하시고 돌이키게 하시면 가능하다는 고백입니다. 지도자의 죄악은 공동체에 엄청난 해악을 끼칩니다. 최근 10여 년간 교계에서 일어난 목회자들의 타락이 한국교회에 얼마나 큰 해악을 끼쳤는지 생각해 보면 이해하기 쉬울 것입니다. 지도자들의 타락으로 한국교회는 세상의 조롱거리가 되었고, 죄에 맞서는 복음을 담대하고 강하게

외칠 수 있는 자격을 점점 상실해 가고 있습니다.

마찬가지로 다윗의 죄는 다윗 개인의 삶뿐만 아니라 이스라엘 공동체 전체를 파괴했을 것입니다. 따라서 18-19절에서 다윗은 이스라엘 공동체 전체를 회복시켜 달라는 간구를 하나님께 올립니다. 이에 대해 고려신학대학원의 김성수 교수는 다음과 같이 해설합니다. 18-19절을 읽고 다음 글을 읽어 봅시다.

> 그렇다면 다윗의 죄로 인해 타격을 입은 예루살렘과 그 공동체의 삶도 함께 회복시켜 주실 것을 간구하는 것은 당연한 귀결이다. 다윗은 주님이 그의 기도를 들어주시어 주님이 기뻐하시는 가운데 시온에 선을 베풀어 주시고 예루살렘 성벽을 강화시켜 주실 것을 간구한다(18절). 즉 이스라엘의 왕도인 예루살렘의 평안과 번영을 구하는 것이다. 하나님께서 그렇게 하실 때에 하나님에 대한 진정한 예배도 회복될 것이라고 확신한다(19절). … 죄를 범해서 하나님의 자비와 긍휼과 은혜를 간구하며 시작한 이 기도 시편은 그러한 은혜를 베푸시어 죄를 용서하신 하나님께 진정한 감사와 찬양을 드리는 회복된 공동체의 모습으로 아름답게 끝나고 있다.[32]

회개를 위해 기도하는 사람이 꼭 지도자가 아니어도 마찬가지입니다. 공동체 내에 있는 한 지체의 죄는 어떠한 방식으로든 공동체 전체에 해를 끼칩니다.

부모를 공경하지 않고 권위에 순종하지 않는다면 부모와 지도자들이 당했을 괴로움이 얼마나 크겠습니까? 누군가를 미워한다면 상대방이 받았을 상처는 어떻겠습니까? 음란한 시선을 받은 사람이 입은 피해는 어떠하며, 가정이 있는 사람이 가정을 두고 다른 사람에게 만족을 얻으려 할 때 그 가정은 얼마나 큰 상처를 입겠습니까? 공동체는 탐심과 탐욕으로 인해 해를 입고, 거짓으로 인해 시기와 질투, 오해와 험담이 난무하게 됩니다.

속해 있는 곳이 지역 사회든, 회사든 교회든, 가정이든 개인의 죄는 개인에게서 끝나지 않습니다. 그 죄는 결국 공동체 전체에 영향을 미칩니다. 그것도 한 공동체뿐만 아니라 모든 공동체에 동시다발적으로 피해를 줍니다. 지도자의 죄는 더 큰 영향력을 미치겠지만, 그렇지 않은 사람이 주는 피해라고 해서 무시할 수 없습니다. **우리가 혼자 은밀하게 지은 죄라도 반드시 이웃에게 영향을 끼치게 되어 있습니다.**

따라서 공동체의 회복을 위해 간구하는 것이 회개의 마지막 단계입니다. 다윗이 "주의 은택으로 시온에 선을 행하시고 예루살렘 성을 쌓으소서"(18절)라고 기도했듯, "하나님, 당신의 은혜로 공동체(가정, 혹은 교회 등)에 선을 행하시고 공동체를 다시 세워 주소서. 제 죄 때문에 무너지고 상처 입은 사람들을 회복시켜 주시고 세워 주소서"라고 간구하십시오. 그때 하나님은 우리의 마음뿐만 아니라 공동체가 다시 회복되는 일을 행하실 것입니다.

하나님을 사랑하지 않고 행복한 게 정말 행복일까?

지금까지 시편 51편을 통해 회개의 여섯 단계를 살펴보았습니다. 여기까지 읽었다면 느꼈겠지만, 이 시야말로 2장에서 강조했던 '복음적 회개'의 참된 예를 보여줍니다. 다윗은 단순히 죄를 용서받고 형벌을 면하는 것을 넘어 하나님을 기뻐하고 하나님께로 돌이키는 회개를 하고 있기 때문입니다. 다윗은 하나님을 아는 사람이었고, 참으로 하나님과 더불어 교제하고 기뻐했던 적이 있었기 때문에, 설령 죄를 용서받고 형벌을 면한다 하더라도 하나님과의 교제가 회복되기 전까지는 결코 만족할 수 없었을 것입니다.

왕궁에서 더러운 죄를 지으며 사느니 사울에게 쫓기는 광

야에서라도 하나님의 선하심을 매일 맛보고 사는 편이 더 낫다고 생각하지 않았을까요? 광야에서 다윗은 얼마나 하나님을 깊이 맛보며 살았겠습니까? 겉보기에 평탄하고 즐거우며 신혼의 달콤함을 누리는 1년이 다윗에게 행복한 시간이었을까요, 아니면 아들의 죽음이라는 어두운 그늘 가운데서 통곡하며 시편 51편과 같은 기도를 올릴 때가 행복한 시간이었을까요?

과연 하나님을 사랑하지 않고 행복한 것이 정말 행복한 것일까요?

우리가 회개하라는 명령을 싫어하는 가장 큰 이유는, 그것을 단순히 형벌을 피하고 죄를 지우라는 요구라고 생각하기 때문입니다. 그러나 회개는 "다시 나를 사랑하고 기뻐하라!"는 하나님의 명령이며, 사실상 그분과의 즐거운 교제로 들어오라는 초대입니다.

하나님은 우리에게 하나님 당신을 사랑하라고 명령하십니다. 2장에서 말했던 것처럼, 우리가 하나님을 사랑하지 않으면 마치 하나님께 무슨 손해가 나기라도 하는 것처럼 우리를 위협하면서까지 당신을 사랑하라고 명하십니다. 그것은 하나님을 사랑하는 것이 우리에게 무한한 기쁨이 되기 때문입니다. 우리의 행복을 위해 하나님을 사랑합시다. 그거면 됩니다. 깊은 어두움의 터널 속에서 그저 하나님을 사랑하게 해달라고 기도합시다. 이것이 회개입니다.

첫째, 자신을 바라보며 자신이 죄인임을 묵상하기
자신이 지은 죄가 얼마나 큰 것인지 생각하고, 죄를 하나하나 고백하십시오.

둘째, 하나님을 바라보며 그분의 의로우심을 묵상하기
나는 죄를 지었지만, 하나님께서 나를 얼마나 선하게 대해 주셨는지 생각하며 자신의 죄가 얼마나 깊은지 더 깨닫게 해달라고 간구하십시오.

셋째, 십자가를 바라보며 용서를 구하기
그럼에도 불구하고 십자가에서 나의 죄를 대속하신 그리스도를 생각하며 담대하고 뻔뻔하게 용서를 구하십시오. "그러므로 우리가 믿음으로 의롭다 하심을 받았으니 우리 주 예수 그리스도로 말미암아 하나님과 화평을 누리자"(롬 5:1).

> 복습하기!
> 회개의 단계와
> 실제 예

넷째, 마음이 회복되기를 구하기

'부정한 마음'과 '거짓의 영', '죄악의 즐거움'과 '냉담한 심령'에 지배받는 자신의 마음에 '정한 마음'과 '정직한 영', '구원의 즐거움'과 '자원하는 심령'을 창조해 달라고 간절히 구하십시오.

다섯째, 하나님을 기뻐할 수 있게 해달라고 구하기

나의 냉담한 마음을 돌이켜 하나님을 깊이 사랑하고 갈망하며 기뻐할 수 있게 해달라고 구하십시오.

여섯째, 공동체가 회복되기를 구하기

나의 죄 때문에 망가지고 상처받으며 무너진 타인과 공동체를 회복시켜 달라고 간절히 구하십시오.

하나님께 회개하면
이웃을 사랑하게 된다

회개의 열매

2007년 개봉한 영화 〈밀양〉은 주인공 전도연에게 제60회 칸 국제영화제 여우주연상을 안겨 주었고, 많은 사람들에게는 기독교가 말하는 회개와 용서에 관한 질문을 제기하게 만들었습니다. 어떤 기독교인들은 이 영화를 반(反) 기독교적 영화라고 생각하지만 감독에게 그럴 의도가 있었던 것 같지는 않습니다. 어쨌든 이 영화가 흥행하면서 기독교의 용서와 회개에 대한 문제가 공론화된 면이 있지요.

간단히 내용을 소개하자면, 젊은 부인 신애는 아들 준과 함께 죽은 남편의 고향인 밀양으로 내려갑니다. 그는 작은 피아노 학원을 열고 아들과 함께 살아가는데, 어느 날 살인범에 의해 아들을 잃고 맙니다. 이후 교회에서 신앙의 힘으로 하루 하루를 근근히 버텨 가던 신애는 마침내 살인범을 용서하기로 결심하고 그를 면회하러 갑니다. 이 부분의 대사를 인용해 보겠습니다.

신애: 얼굴이 좋네요. 생각보다.

살인범: 죄송합니다.

신애: 아니에요. 건강해야지요. 아무리 큰 죄를 지은 죄인이라도 하나님은 건강을 주시잖아요.… 이 꽃, 오다가 길가에 핀 것 꺾어 왔어요. 이 안에서는 꽃 보기 힘들잖아요. 예쁘죠? 이 예쁜 꽃도 하나님이 우리에게 주신 선물이에요. 내가 오늘 여기 찾아온 건요.… 하나님의 은혜와 사랑을 전해 주러 왔어요. 나도 전에 몰랐어요. 하나님이 계시다는 것도 절대 안 믿었어요. 내 눈에 안 보이니까 안 믿었죠. 근데 우리 준이 때문에 하나님의 사랑을 알고 비로소 마음의 평안을 얻고 새 생명을 얻었어요. 그분의 사랑과 은혜를 느낄 수 있다는 게 얼마나 감사하고 행복한지 몰라요. 그래서 내가 여기까지 찾아온 거예요. 그분의 사랑을 전하기 위해서요.

살인범: 고맙습니다. 정말 고맙습니다. 준이 어머니한테 우리 하나님 아버지 이야기를 들으니까 참말로 감사합니다. 저도 믿

음을 가지게 되었거든요. 교도소에 들어온 이후로 하나님을 가슴에 받아들이게 되었습니다. 하나님이 이 죄 많은 인간한테 찾아와 주신 거지요.

신애: 그래요? (떨떠름한 투로) 하나님을 알게 되었다니 다행이네요.

살인범: 예, 얼마나 감사한 일입니까? 하나님이 이 죄 많은 놈한테 손 내밀어 주시고 그 앞에 엎드려 지은 죄를 회개하도록 하시고, **제 죄를 용서해 주셨습니다.**

신애: 하나님이 … 죄를 용서해 주셨다고요?

살인범: 예. 눈물로 회개하고 용서받았습니다. 그러고 나서부터 마음에 평인을 얻었습니다. 아침에 일어나자마자 기도하고, 하루 하루가 얼마나 감사한지 모릅니다. 하나님한테 회개하고 용서받으니 이래 편합니다, 내 마음이. 요새는 기도로 눈뜨고 기도로 눈감습니다. 준이 어머니 위해서도 항상 기도합니다. 죽을 때까지 할 겁니다. 그런데 이리 직접 만나고 보니 하나님이 역시 제 기도를 들어주시는 것 같습니다.

(장면이 바뀌고, 신애의 집. 목사와 교우들이 모여서 신애의 집에서 예배를 드린다.)

목사: 죄인을 진정으로 용서할 수 있는 믿음을 허락해 주시옵소서.

신애: 용서요? 어떻게 용서를 해요? 용서하고 싶어도 난 할 수가 없어요. 그 인간 이미 용서받았대, 하나님한테. 그래서 마음의 평화를 얻었대요.

여자 성도: 아이고 와이라노, 목사님 기도 중에. 하나님이 용서하셨으니 이 선생도 용서해야지.

신애: 이미 용서를 받았다는데 내가 어떻게 용서를 해요? **내가 그 인간을 용서하기 전에, 어떻게 하나님이 먼저 용서를 할 수 있어요?** 난 이렇게 괴로운데… 그 인간은 하나님의 사랑으로 용서받고 구원받았어요. 어떻게 그러실 수 있어요? 왜? 왜? 왜 애애애애… 다들 이제 돌아가 주세요. 할 일이 아주 많거든요.

영화를 보며 신애에게 감정이 이입된 사람들은 아주 복잡한 심경을 느낍니다. 그리고 여러 질문이 떠오릅니다. 하나님께 회개해 용서를 받았다면 사람에게도 가서 회개해야 하는 걸까요? 하나님께서 용서하셨다면 피해자가 용서하지 않아도 되는 걸까요? 이를테면, 성추행을 저지르고 "나는 하나님께 회개했고 용서받았다"라고 말하지만 정작 피해자에게 용서받지 않은 가해자를 하나님은 정말 받아주신 걸까요? 우리는 이러한 문제에 대해 어떻게 생각해야 할까요?

잠깐, 죄 지은 상대방에게 가서 회개했나?

성경은 아주 단호하게, 누군가에게 죄를 지었다면 하나님뿐만 아니라 그에게도 가서 자신이 죄를 지었음을 고백해야 한다고 말합니다. 누가복음 15장에는 유명한 '탕자의 비유'가 나옵니다. 여기서 둘째 아들은 자신에게 재산을 준 아버지를 떠나 허랑방탕하게 살아가면서 아버지에게 죄를 짓습니다. 그러다 먹을 것도, 머물 곳도 없어서 다시 돌아오게 되는데, 돌아온 아들은 아버지께 이렇게 말합니다.

> 아들이 이르되 아버지 내가 **하늘과 아버지께** 죄를 지었사오니 지금부터는 아버지의 아들이라 일컬음을 감당하지 못하겠나이다(눅 15:21).

둘째 아들은 자신이 "하늘과 아버지께" 죄를 지었다고 고백합니다. 여기서 아들이 말한 '하늘'은 하나님을 가리키는데, '여호와'라는 하나님의 이름을 함부로 부르지 않기 위해 당시 유대인들이 쓰던 경건한 완곡화법입니다.[33] 아들은 지금 "제가 하나님과 아버지께 죄를 지었습니다"라고 고백하고 있는 것이지요. 물론 이 비유에서 아버지는 하나님의 성품과 태도를 반

영하는 사람으로 등장하기는 하지만 '하나님 = 아버지'라는 등식을 직접 사용해서는 안 됩니다.[34]

정리하자면, 지금 아들은 하나님뿐만 아니라 자신이 죄를 짓는 바람에 피해를 본 사람에게도 회개하고 있는 것입니다. 성경은 죄 지은 사람이 단순히 하나님께만 회개하면 용서받는다고 말하지 않으며, 하나님과 더불어 죄 지은 상대방에게도 회개할 것을 모범적으로 보여주고 있습니다. 이러한 가르침은 예수님의 말씀에 더 자세히 나타납니다.

> 그러므로 예물을 제단에 드리려다가 거기서 네 형제에게 원망들을 만한 일이 있는 것이 생각나거든 예물을 제단 앞에 두고 먼저 가서 형제와 화목하고 그 후에 와서 예물을 드리라(마 5:23-24).

본문은 하나님께 제사를 드리기 전에 형제에게 지은 죄(원망들을 만한 일)가 생각난다면 제사를 멈추고 형제와 화목한 후, 즉 형제에게 잘못을 고백하고 회개한 후에 와서 제사를 드리라고 말합니다. 이는 한편으로 **우리가 죄를 범한 이웃에게 용서를 구하지 않는다면 하나님도 우리를 용서해 주지 않으실 것**이며, 우리의 예배를 받지 않으실 것임을 가르쳐 주고 있습니다.

게다가 본문에는 우리 안의 죄에 대한 예수님의 날카로운 통찰이 담겨 있기도 합니다. 마틴 로이드 존스는 이 본문을 가리켜 "악을 선한 행위로 상쇄하여 도덕적인 잘못을 소죄(消罪)하려고 애쓰는 무시무시한 죄를 고발하는 구절"35이라고 말합니다. 자신의 죄를 정직하게 인정하며 회개하지 않고, 그저 선한 행동으로 대강 덮어 버리려고 하는 잘못된 성향을 지적하는 것입니다.

우리는 자주 이러한 잘못을 저지릅니다. 이웃에게 잘못해 놓고서는 자신의 죄를 인정하며 회개하는 대신에 "에이, 잘못했으니 헌금을 좀 많이 내지 뭐" 또는 "앞으로 예배 잘 드리고 착하게 살아야지" 하는 식으로 죄를 대강 덮어 버리려는 것입니다. 잘못했으면 그냥 잘못했다고 정직하게 말해야 합니다. 다른 일을 잘하는 것으로 상쇄하려고 해서는 안 됩니다. 마땅히 이웃을 찾아가 해야 할 회개를 '하나님께 예배를 베푸는(?) 행위'로 때우려고 해서는 안 됩니다.

하나님은 이런 일에 진노하십니다. 다음의 성경 구절을 읽어 봅시다.

> 너희 중에 병든 자가 있느냐 그는 교회의 장로들을 청할 것이요 그들은 주의 이름으로 기름을 바르며 그를 위하여 기도할지

니라 믿음의 기도는 병든 자를 구원하리니 주께서 그를 일으키시리라 혹시 죄를 범하였을지라도 사하심을 받으리라 **그러므로 너희 죄를 서로 고백하며** 병이 낫기를 위하여 서로 기도하라 의인의 간구는 역사하는 힘이 큼이니라(약 5:14-16).

야고보는 병든 자에게 장로들을 청해 기도를 받으라고 합니다. 그러면 병든 자가 일어날 것이라고 말하지요. 그런데 자세히 보면 병든 자가 낫는다는 이야기를 하다가 "그러므로 너희 죄를 서로 고백"하라고 명령합니다. 왜 그럴까요? 방대한 야고보서 주석을 쓴 청교도 토머스 맨튼은 이 구절에 대해 "죄가 영혼의 질병을 일으킨 것이라고 생각한다"[36]라고 말합니다. 우리가 이웃에게 죄를 짓고도 회개하지 않는 것을 하나님께서 싫어하시는 나머지 병까지 주면서 우리를 징계하신다는 것입니다.

하나님은 우리가 이웃에게 지은 죄를 고백하지 않는 것을 미워하십니다. 우리는 단순히 징계가 두려워서가 아니라 하나님 그리고 이웃과의 관계 회복을 위해 정직하게 죄를 고백해야 합니다. 그리고 명심해야 합니다. 이웃에게 지은 죄를 이웃에게 고백하며 회개하지 않는다면 하나님도 용서하지 않으실 것입니다. 존 스토트가 한 말을 들어 봅시다.

정확히 말하자면, 고백은 우리가 죄를 범한 사람에게 해야 하는 것이고, 우리는 그 사람에게 용서를 받아야 하고, 받고자 한다. 그러므로 우리 죄를 누구에게 고백하는 것이 적절한지, 하나님께 해야 할지 사람에게 해야 할지 판단하기 전에 먼저 두 가지 질문을 해야 한다. 첫째, 내가 그에게 죄를 지었는가? 그렇다면 그에게 내 죄를 고백해야 한다. 둘째, 그에게 용서할 권한이 있는가? 그렇다면 그에게 그렇게 해달라고 구해야 한다.[37]

하지만 지혜로워야 할 필요도 있습니다. 혹시 오해할까 봐 덧붙이자면, 이웃에게 범죄했을지라도 은밀히 지은 죄를 굳이 드러내어 용서를 구하느라 그를 괴롭힐 필요는 없다는 것입니다. "내가 너의 돈을 훔쳤으니 용서해 줘"는 올바르지만, "내가 너를 보고 음란한 생각을 품었어" 같은 고백은 적절하지 않고 상대방을 배려하는 방법도 아니며 참된 회개라고 할 수 없습니다.

배상의 필요성

게다가 범죄한 대상을 향한 우리의 회개는 단순히 고백으로 끝나서는 안 됩니다. 예를 들어, 도둑질을 해놓고 "도둑질해서 죄송해요. 용서해 주세요"라고 말하면 끝나는 걸까요? 그렇지 않습니다. 실제로 배상을 해야 합니다. 성경도 배상할 것을 명령하고 있는데, 먼저 다음의 성경 구절을 읽어 봅시다.

> 그 훔친 것이나 착취한 것이나 맡은 것이나 잃은 물건을 주운 것이나 그 거짓 맹세한 모든 물건을 돌려보내되 곧 **그 본래 물건에 오분의 일을 더하여 돌려보낼 것이니** 그 죄가 드러나는 날에 그 임자에게 줄 것이요(레 6:4-5).

성경은 훔치는 행위뿐만 아니라 이웃을 착취하는 행위 모두를 죄로 규정하고 주인에게 배상하되 오분의 일을 더해 돌려보내라고 말합니다. 이는 이웃에게 지은 죄에 대한 회개를 단순히 말로만 끝내지 않고 배상과 행동으로 드러내야 한다는 것을 의미합니다. 그래서 구약학자 존 하틀리는 "눈에 보이는 배상을 통해, 이 사람은 자신이 저지른 잘못에 대해 전적인 책임이 있음을 받아들이고, 또한 피해를 당한 사람의 복지와 관계 회복 모두를 바라고 있음을 표현한다"[38]라고 말합니다. 다음의 성경 구절도 같은 진리를 가르칩니다.

이스라엘 자손에게 이르라 남자나 여자나 사람들이 범하는 죄를 범하여 여호와께 거역함으로 죄를 지으면 그 지은 죄를 자복하고 그 죄 값을 온전히 갚되 오분의 일을 더하여 그가 죄를 지었던 그 사람에게 돌려줄 것이요(민 5:6-7).

그래서 사람들을 착취하던 세리 삭개오는 회개하고 예수님께 "주여 보시옵소서 내 소유의 절반을 가난한 자들에게 주겠사오며 만일 누구의 것을 속여 빼앗은 일이 있으면 **네 갑절이나 갚겠나이다**"(눅 19:8)라고 말한 것입니다. 삭개오는 회개했고, 그의 회개는 하나님을 향한 것일 뿐 아니라 이웃을 향한 것이었습니다. 그래서 그는 배상하라는 성경의 가르침을 떠올렸지요. 성경에서는 오분의 일을 더하라고 명령하지만, 삭개오는 율법이 정한 가장 높은 기준보다도 더 많이 배상하겠다고 말합니다.

물론 배상한다고 해서 상대방이 용서한다는 보장은 없습니다. 또한 우리가 하나님께 지은 죄까지 배상하라는 요구를 받지 않습니다. 우리는 그저 우리의 모든 죄의 대가를 완전히 치르신 그리스도의 공로에 의지할 뿐이지요. 그러나 사람에게는 할 수 있는 최선을 다해 배상해 주어야 합니다. 다시 한 번 존 스토트의 말을 들어 봅시다.

하나님뿐 아니라 인간에게도 범한 죄들은 피해를 입은 자들에게 우리가 할 수 있는 최선을 다해 배상해야 한다. … 빼앗은 돈이나 재산을 돌려주어야 할 경우도 있고, 손상을 입혀 고쳐 주어야 할 경우도 있고, 악하고 거짓된 보도를 해서 정정해야 할 경우도 있다. 우리는 이에 대해 현실적이고 실제적이어야 한다.[39]

그래도 용서받지 못한다면 어떻게 하지?

위와 같이 죄를 고백하고 배상까지 했음에도 불구하고 상대방이 죄를 용서해 주지 않는다면 어떡합니까? 그렇다면 우리는 하나님의 형벌을 받는 걸까요? 기억해야 할 것은, 성경은 이웃에게 범한 죄를 고백하고 배상하라고 명령했지, 그렇게 하면 상대방이 반드시 용서해 줄 것이라고 약속하지는 않았다는 사실입니다.

이 문제 역시 답은 '속죄'에 있습니다. 우리는 이미 1장에서 회개가 죄에 따른 형벌을 면하는 수단이 아니라 하나님께로 돌이키는 일임을 살펴보았습니다. 이웃에게 죄를 고백하는 것 역시 형벌을 면하기 위해서 하는 게 아닙니다. 오히려 그리스도의 십자가 공로로 이미 형벌을 면제받은 자로서, 하나님을 사랑하고 이웃을 사랑하라는 명령을 지키기 위해 이웃에게 죄를 고백하고 배상을 하는 것입니다.

이러한 경우 죄 지은 사람은 상대방에게 끊임없이 자신의 죄를 고백하고 자신을 돌아보며 회개함으로써 성화되어 갈 수 있습니다. 한편, 상대방이 진실하게 용서를 구하는데도 용서하지 못하는 사람은 결과적으로 '용서하라'는 주님의 명령을 완고하게 거부해 자신의 영혼에 악을 행하게 됩니다. 따라서 죄 지은 사람은 자신을 낮추며 겸손히 상대방에게 자기 죄를 고백하는 동시에, 은밀하게는 상대방이 하나님의 은혜로 자신에게 용서를 베풀 수 있도록 간절히 구해야 합니다. 피해 입은 사람의 완전하고도 충만한 회복을 위해서 말이지요. 만일 피해자에게 진실하게 회개의 고백을 하지 않는다면, 아무리 하나님께 진실하게 고백했다 하더라도 그는 용서받은 것이 아닙니다.

생각지 못한 이웃 사랑이라는 열매

참된 회개는 여기서 한 발 더 나아갑니다. 참된 회개는 이웃 사랑의 열매를 맺습니다. 누가복음 3장 7절부터 읽어 보면, 세례 요한은 사람들에게 회개하라고 외치는 동시에 회개의 열매로 이웃 사랑을 요구합니다. 아래의 성경 구절을 읽어 봅시다.

> 그러므로 회개에 합당한 열매를 맺고 속으로 아브라함이 우리 조상이라 말하지 말라 내가 너희에게 이르노니 하나님이 능히 이 돌들로도 아브라함의 자손이 되게 하시리라(눅 3:8).

세례 요한은 회개에 합당한 열매를 맺어야 한다고 말합니다. "내 설교를 듣고 막연히 뭔가 느끼기만 하지 말고 회개에 합당한 열매를 맺으라." 그러자 사람들의 대표가 찾아와 "우리가 무엇을 하리이까"(눅 3:10)라고 묻습니다. 이에 세례 요한은 매우 구체적으로 답합니다. 한번 읽어 봅시다.

> 대답하여 이르되 옷 두 벌 있는 자는 옷 없는 자에게 나눠 줄 것이요 먹을 것이 있는 자도 그렇게 할 것이니라 하고 세리들도 세례를 받고자 하여 와서 이르되 선생이여 우리는 무엇을 하리이까 하매 이르되 부과된 것 외에는 거두지 말라 하고 군인들도 물어 이르되 우리는 무엇을 하리이까 하매 이르되 사람에게서 강탈하지 말며 거짓으로 고발하지 말고 받는 급료를 족한 줄로 알라 하니라(눅 3:11-14).

여기서 강조하는 것은 이웃 사랑입니다. 세례 요한은 가난한 자를 구제하라고 요구합니다. 회개의 열매로 자신의 지갑을 털어서 이웃에게 주라는 것입니다. 여기서 유명한 격언 하나가 생각납니다. "당신의 돈지갑이 회개하기 전까지는 당신의 회개를 믿을 수 없다."[40] 회개의 결과는 이웃 사랑이며, 그것은 우리가 실제로 가지고 있는 재산을 털어서 해야 하는 일입니다.

회개는 결국 자기중심성에서 탈출하는 것이고, 따라서 참된 회개는 이웃 사랑으로 드러나게 되어 있습니다. 참된 회개를 추구하는 사람들은 이웃을 사랑하며 자기만 위하는 삶을 거부할 수밖에 없기 때문입니다. 이것은 결국 하나님께로 돌이키는 회개의 본질을 말해 줍니다. 하나님은 우리가 과연 돈을 섬기지 않고 당신을 섬기는가를 판단하실 때, 우리가 '가난한 자를 돕는가'를 보십니다. 그리고 우리가 과연 참으로 회개했는가를 판단하실 때, 우리가 다른 사람을 용서하기 위해 자아를 죽일 수 있는가, 이웃에게 정직하게 잘못을 고백함으로써 자아를 죽일 수 있는가, 이웃의 복지와 기쁨을 위해 기꺼이 여분의 재산을 내놓을 수 있는가를 보십니다.

이러한 일을 할 수 있다는 것은 우리가 참으로 하나님께로 돌이켜서 자아 숭배라는 우상에서 벗어났음을 보여주는 중요한 증거입니다. 따라서 회개는 늘 이웃 사랑이라는 열매를 맺습니다. "누구든지 하나님을 사랑하노라 하고 그 형제를 미워하면 이는 거짓말하는 자니 보는 바 그 형제를 사랑하지 아니하는 자는 보지 못하는 바 하나님을 사랑할 수 없"습니다(요일 4:20). 하나님 사랑과 이웃 사랑이 연결되어 있듯, 하나님께로 돌이키는 사람은 반드시 이웃에게 지은 죄도 겸허히 회개하며 돌이키게 되어 있습니다.

닫는 말
사랑의 방향을 돌이키라

지금까지 짧은 말로 회개에 대해 설명하고 당신을 설득하고자 노력했습니다. 이 모든 이야기를 통해 내리는 결론은 간단합니다. 회개는 하나님 아닌 다른 것을 사랑하던 사람이 하나님을 사랑하기 시작하는 것이며, 따라서 **회개는 사랑의 방향을 돌이키는 여정입니다**. 그러므로 회개는 단순히 죄책감만 가지고 할 수 있는 게 아닙니다. 죄책감은 그저 출발일 뿐이지요. 회개는 죄책감에서 출발해 하나님의 사랑에 이르는 여정입니다.

물론 죄를 슬퍼하는 마음은 반드시 필요합니다. 그러나 존 파이퍼가 말하듯, 지옥에 대한 두려움이나 과거의 어리석은 행동에 대한 후회, 자신의 삶을 낭비해 버린 것에 대한 뉘우

침 자체로는 하나님을 영화롭게 하지 못합니다.[41] 진정 회개하면서 느끼는 슬픔은 하나님을 너무나도 사랑해서 그분과 깊이 교제하고 싶지만, 자신의 죄 때문에 교제할 수 없음을 괴로워하는 데서 나옵니다. 다음의 말씀을 읽어 봅시다.

> 여호와의 손이 짧아 구원하지 못하심도 아니요 귀가 둔하여 듣지 못하심도 아니라 오직 **너희 죄악이 너희와 너희 하나님 사이를 갈라놓았고** 너희 죄가 그의 얼굴을 가리어서 너희에게서 듣지 않으시게 함이니라(사 59:1-2).

자신의 죄 때문에 기도해도 교제가 없고, 하나님의 말씀을 읽어도 깨달음이 없으며, 예배를 드려도 뜨거움과 감화가 없는 사람은 불행합니다. 이 사람은 단순히 죄책감 때문이 아니라 그토록 사랑하여 함께 있고 싶은 존재와 함께할 수 없기 때문에 불행합니다. 그래서 이 사람은 슬퍼하고 회개합니다. 이것은 18세기의 경건한 선교사 데이비드 브레이너드가 인디언들에게 복음을 전했을 때, 그들이 느꼈던 슬픔과 같습니다.

> 모여 있는 많은 사람들은 말씀에 큰 감동을 받았으며, 내가 '아브라함의 품에' 안긴 나사로 이야기를 할 때 특히 큰 감동을 받

았다. 나는 이들이 부자의 비극과 고통에 관한 이야기보다 그 이야기에 더 큰 감동을 받았다는 것을 알 수 있었다. 이들은 거의 항상 그러했다. 이들은 거의 언제나 하나님의 말씀에 담긴 무서운 진리보다 편안한 진리에 영향을 더 많이 받았다. 죄를 깨달은 이들 가운데 많은 사람을 낙담시킨 것은 자신들이 **경건한 자의 행복을 원하기는 하지만 얻을 수는 없다는 것**이었다.[42]

이러한 사람들에게 회개할 수 있다는 소식은, 그리고 돌이키기만 하면 다시 하나님께서 받아주신다는 소식은 그야말로 복음입니다. 그들에겐 "오라 우리가 서로 변론하자 너희의 죄가 주홍 같을지라도 눈과 같이 희어질 것이요 진홍같이 붉을지라도 양털같이 희게 되리라"(사 1:18)는 말씀처럼 기쁜 소식이 없습니다. 그러니 회개는 하나님을 사랑하는 사람만이 할 수 있는 것이고, 동시에 하나님을 사랑하게 하는 것입니다.

그러므로 지금이라도 매일 회개하고 자신을 돌이키며 살아가기를 권합니다. 당신의 마음에 조금이라도 하나님을 사랑하는 마음이 있다면, 그리고 하나님 안에서 누리는 깊은 만족과 안식을 갈망하는 마음이 있다면, 무릎을 꿇고 하나님께 나아가십시오. 앞에서 살펴보았던 회개의 실제 예를 따라 하나님을 찾으십시오. 간절히 구하십시오. 하나님이 아닌 다른 것을 향했던 사랑의 방향을 돌이키십시오. 혹시 하나님을 사랑하는 마음이 들지 않는다면 그러한 마음을 달라고 구하십시오.

하나님은 회개를 받으시는 분인 동시에 회개를 불어 넣어주시는 분이기도 합니다. 하나님은 돌이키는 자에게 이렇게 약속하십니다. "내가 다윗의 집과 예루살렘 주민에게 은총과 간구하는 심령을 부어 주리니 그들이 그 찌른 바 그를 바라보고 그를 위하여 애통하기를 독자를 위하여 애통하듯 하며 그를 위하여 통곡하기를 장자를 위하여 통곡하듯 하리로다"(슥 12:10).

이렇게 하나님께서 회개하는 자에게는 간구하는 마음과 죄를 돌이키려는 열망을 심어 주신다면, 죄를 고백하고 자유함을 얻기를 망설일 이유가 무엇이겠습니까? **자신의 죄를 숨기지 않을 때에만 죄를 숨길 수 있습니다.** 그래서 시인은 "내가 이르기를 내 허물을 여호와께 자복하리라 하고 주께 내 죄를 아뢰고 내 죄악을 숨기지 아니하였더니 곧 주께서 내 죄악을 사하셨나이다"(시 32:5)라고 고백한 것입니다.

그래서 저는 기쁘게 당신을 회개로 초청합니다. 이것은 잔소리도, 괴롭히기도 아닙니다. 회개하라는 권유는 정죄가 아닙니다. 우리가 들을 수 있는 가장 기쁜 소식입니다. 순종하면 다름 아닌 하나님을 선물로 받는 귀한 명령입니다. 마지막으로 조나단 에드워즈의 말을 빌어 이 기쁜 요청을 하고 싶습니다.

당신은 지금 산 자의 땅에 있습니다. 그리고 하나님의 집 안에 있습니다. 또한 구원을 얻을 기회를 가지고 있습니다. 지금 당신이 가지고 있는 기회는 그들에게도 주어졌었습니다! 지금 당신은 놀라운 기회를 가지고 있습니다. 오늘은 그리스도께서 긍휼의 문을 넓게 열어 놓고 계십니다. 그리고 밖에 서서 당신을 부르고 계십니다. 불쌍한 죄인을 큰 소리로 부르십니다.

오늘은 큰 무리가 주님께 달려가는 날이요 하나님의 나라에 몰려가는 날입니다. 수많은 사람들이 날마다 동서남북에서 몰려오고 있습니다. 수많은 사람들이 오늘 당신이 처한 상태와 동일한 상태에 처해 있었으나 지금은 행복한 상태에 있습니다. 그들의 마음은 그들을 사랑하사 자기 피로 그들의 죄를 씻어 주신 **주님에 대한 사랑과 하나님의 영광을 소망하는 기쁨으로 가득 차 있습니다.**

이런 날에 뒤에 남겨지는 것은 얼마나 비참합니까! 당신은 고통 중에 멸망받고 있는데 그렇게도 많은 사람들은 기뻐합니다! 당신의 마음은 근심으로 가득 차 있는데 그렇게도 많은 사람들은 기뻐하고 찬양합니다! 그런 상태에서 어떻게 한순간이라도 안식할 수 있겠습니까? 당신의 영혼도 날마다 그리스도께 몰려오는 서필드 주민의 영혼만큼이나 소중하지 않습니까?[43]

회개 관련 추천도서

아래의 목록은 회개에 대해 공부하고 싶다면 참고할 수 있는 책들입니다. 상당수는 이 책에 인용되었으며, 인용되지는 않았지만 중요한 사상적 토대가 된 책들도 있습니다. 국내에 번역 출간된 것만 소개합니다.

김형익 『우리가 하나님을 오해했다』

회개가 주제는 아니지만, 돌이킬 대상이 되시는 하나님에 대한 오해를 바로잡고 자신의 죄를 바라보게 합니다. 율법적 회개와 복음적 회개를 비교해 설명한 10장 '경건한 어른' 부분은 이 책의 백미입니다.

마틴 로이드 존스 『회개』

'20세기 최고의 강해 설교자' 로이드 존스 목사의 시편 51편 강해입니다. 인간 안에 있는 죄의 성향과 본질을 예리하게 파헤치는 특유의 솜씨로 본문을 설명합니다. 간간이 등장하는 회개와 복음으로의 초청이 읽는 사람의 마음을 뜨겁게 합니다.

아우구스티누스 『고백록』

위대한 기독교 사상가 아우구스티누스의 회심 고백입니다. 회개를 단순한 죄의 고백이 아니라 마음의 성향과 애정을 돌이키는 여정으로 묘사하며 기독교 신앙의 정수를 보여줍니다. 문학적으로도 아주 탁월합니다. 이 책에 인용되지는 않았지만 전체 내용에 큰 영향을 미쳤습니다.

조나단 에드워즈 『진노하시는 하나님의 손안에 있는 죄인』

커다란 부흥을 일으켰던 조나단 에드워즈의 가장 유명한 설교입니다. 지옥을 지나치게 과장되게 묘사한 점이 비판받기는 하지만, 죄의 결과와 하나님의 진노를 현실적으로 체감하게 해주는 책입니다.

존 번연 『죄인의 괴수에게 넘치는 은혜』

『천로역정』을 쓴 존 번연의 회심 고백입니다. 생생하고 깊이 있는 회개의 감정을 느낄 수 있으며, 특히 용서를 체험한 그가 기쁨을 고백한 부분이 인상 깊습니다.

존 스토트 『너의 죄를 고백하라』

회개, 특히 이웃에게 죄를 범했을 때 어떻게 고백하고 돌이켜야 하는지 다룬 책입니다. 로마가톨릭의 잘못된 '고해성사'에 대한 성경적인 비판도 읽어볼 수 있습니다.

존 파이퍼 『하나님이 복음이다』

회개가 주제는 아니지만, 역시 돌이킬 대상이 되시는 하나님에 대한 심오한 이해를 주는 책입니다. 특히 8장 '그리스도를 높이는 회개의 기초'를 읽어 보십시오.

존 파이퍼 『믿음으로 사는 즐거움』

실제로 조목조목 죄를 짚어가며 마음을 돌이키고 싶은 분들께 강력하게 추천합니다. 죄를 유발하는 마음의 성향, 즉 염려, 교만, 수치심, 조급함, 탐심, 비통함, 낙심, 정욕들에 어떻게 맞서고 돌이킬지 말해 줍니다.

토머스 왓슨 『회개』

경건한 청교도였던 토머스 왓슨은 이 책에서 여러모로 우리의 마음을 찌릅니다. 청교도 설교자답게 그는 사람을 속이는 죄의 기만성을 예리하게 파헤치고 죄에서 돌이키라고 권고합니다.

회개에 관한 어록

이 책을 쓰기 위해 다양한 자료들을 참고하면서 직접 인용하지는 않았지만 그냥 버려두기에는 아까운 회개에 관한 어록을 모았습니다. 짧은 말들이지만 외워 두고 가끔씩 음미할 때 마음이 뜨거워질 것입니다.

악행을 고백하는 것은 선행의 시작입니다.
아우구스티누스[44]

물에 풍덩 빠지지 않고 슬쩍 눕기만 해도 익사하듯, 죄에 빠져들지 않고 잠시 기대기만 해도 저주를 받습니다.
토머스 브룩스[45]

양은 웅덩이와 골짜기에 빠지더라도 할 수 있는 한 서둘러서 거기서 빠져 나오려 합니다. 그러나 돼지는 더러운 곳을 택하고 진흙탕과 수렁에서 뒹굽니다. 성도라도 죄에 빠질 수는 있으나, 그는 서둘러 회개함으로 자신을 회복하려고 합니다. 그러나 죄인은 밤낮으로 죄에 빠져 삽니다.
조지 스윈녹[46]

우리의 죄를 덮는 유일한 길은 죄를 고백함으로 드러내는 것이며, 하나님께서 우리를 용서하시도록 하는 유일한 길은 우리가 우리 죄를 용납하지 않는 것입니다.
리처드 십스[47]

죄의 회개가 있습니다. 하나님은 죄에 대한 깊은 슬픔을 구원의 필수품으로 요구하시지만, 그 슬픔의 본성은 필연적으로 기쁨을 암시합니다. 죄의 회개는 하나님의 탁월함과 자비를 보는 데서 비롯되는 슬픔이지만, 탁월함과 자비에 대한 이해는 필연적이고 불가피하게 보는 사람의 마음에 기쁨을 낳습니다.
조나단 에드워즈[48]

회개란 집요하게 손에 꼭 쥐고 있던 추잡한 것들을 내려놓는 것이며, 믿음은 하나님께서 베푸시는 은혜의 선물을 받기 위해 빈손을 벌리는 것입니다.
아더 핑크[49]

미주

1. 흔히 '면죄부'라고 잘 알려져 있는 Indulgentia는 '죄을 없이한다는' 증서가 아니라 연옥에서 치러야 할 '벌'을 면제해 주는 증서이므로 '면벌부'(免罰符)라고 번역하는 것이 옳다.
2. Scott H. Hendrix, "Legends About Luther," *Christian History Magazine-Issue 34: Martin Luther: The Reformer's Early Years* (Carol Stream, IL: Christianity Today, 1992) 참조.
3. Martin Luther, *Disputation of Doctor Martin Luther on the Power and Efficacy of Indulgences: October 31, 1517*, electronic ed. (Bellingham, WA: Logos Bible Software, 1996). 볼드체는 저자 강조 구문.
4. 마틴 로이드 존스. 『회개』(복있는사람, 2014).
5. 앞의 책. p. 23. 볼드체는 저자 강조 구문.
6. 이 표현은 존 오웬의 속죄에 관한 논문인 "The Death of Death in

the Death of Christ"에서 가져왔다. John Owen, *The Works of John Owen*, ed. William H. Goold, vol. 10 (Edinburgh: T&T Clark, n.d.).

7. Thomas Watson, *Doctrine of Repentance*, Puritan Paperbacks Series (Edinburgh: Banner of Truth, 2009), p. 15. 국내에는 토머스 왓슨. 『회개』(복있는 사람, 2015)로 번역되었다.

8. 율법적 회개와 복음적 회개의 개념, 그리고 그 구분법은 존 칼빈의 예를 따랐다. John Calvin, *Institutes of the Christian Religion & 2*, ed. John T. McNeill, trans. Ford Lewis Battles, vol. 1, The Library of Christian Classics (Louisville, KY: Westminster John Knox Press, 2011), p. 596-597. III-iii-4.

9. 김구원. 『사무엘상』(홍성사, 2014), p. 331.

10. 유진 피터슨. 『사무엘서 강해』(아바서원, 2016), p. 303.

11. 김형익, 2011. 1. 2 설교, 다윗(17): 죄와 은혜 중. http://bethshalom-church.net/rgboard/view.php?&bbs_id=sermon1& page=27&doc_num=247 독자의 이해 흐름에 맞게 설교 원고의 일부를 수정함.

12. Hans-Joachim Kraus, *A Continental Commentary: Psalms 1-59* (Minneapolis, MN: Fortress Press, 1993), pp. 502-503.

13. 김형익. 『우리가 하나님을 오해했다』(생명의말씀사, 2014), pp. 228-229. 볼드체는 저자 강조 구문.

14. 이것은 아우구스티누스. 『고백록』(대한기독교서회, 2003), p. 49에 나

오는 아우구스티누스의 표현을 약간 바꾼 것이다. 원문은 이렇게 되어 있다. "나는 당신과 무슨 상관이 있기에 나를 명하여 당신을 사랑하지 않으면 진노하셔서 비참함을 느끼도록 위협하십니까?"

15. Thomas Brooks, *The Complete Works of Thomas Brooks, Volume 4*, ed. Alexander Balloch Grosart (Edinburgh: James Nichol, 1867), p. 196.

16. 마틴 로이드 존스, 『회개』, p. 71. 구약학자 월터 브루그만은 이 시를 가리켜 "회개를 위한 모델을 제공한다"라고 말한다. Walter Brueggemann, *The Message of the Psalms: A Theological Commentary* (Minneapolis: Fortress Press, 1984), p. 98를 보라.

17. Luke Timothy Johnson, *The Letter of James: A New Translation with Introduction and Commentary*, vol. 37A, Anchor Yale Bible (New Haven: Yale University Press, 2008), p. 233.

18. Marvin E. Tate, *Psalms 51-100*, vol. 20, Word Biblical Commentary (Dallas: Word, Incorporated, 1998), p. 17. 이하 Marvin Tate. 로 인용함.

19. 마틴 로이드 존스, 『구약을 사용한 복음설교』(생명의말씀사, 1998), p. 177.

20. Marvin Tate., pp. 17-18. 논쟁이 약간 있지만 대체로 현대 번역본들 (ESV, 쉬운성경, 공동번역, 새번역, 현대인의성경 등)은 이렇게 번역한다.

21. 우슬초에 대한 이 설명은 고려신학대학원 구약학 김성수 교수의 미발간된 시편 강의안에서 발췌했다. p. 258.
22. James Montgomery Boice, *Psalms 42-106: An Expositional Commentary* (Grand Rapids, MI: Baker Books, 2005), p. 429.
23. D. A. Carson, *The Gospel according to John, The Pillar New Testament Commentary* (Grand Rapids, MI: W.B. Eerdmans, 1991), p. 597.
24. 마이클 리브스. 『그리스도 우리의 생명』(복있는사람, 2016), pp. 11-12.
25. Willem VanGemeren, ed., *New International Dictionary of Old Testament Theology & Exegesis* (Grand Rapids, MI: Zondervan Publishing House, 1997), p. 211.
26. 월터 브루그만. 『사무엘상·하』(한국장로교출판사, 2000), p. 408.
27. 유진 피터슨. 『사무엘서 강해』, p. 303.
28. Marvin Tate. p. 23을 보라. '바라흐'의 문법적 용례를 자세히 살펴볼 수 있다.
29. C. S. 루이스. 『시편 사색』(홍성사, 2004), p. 136.
30. 다윗이 시편 8편을 범죄하기 전에 지었는지는 확실치 않다. 그러나 이미 그는 전에 이러한 표현이 담긴 아름다운 시를 많이 썼을 것이다.
31. 크리스토퍼 라이트. 『현대를 위한 구약 윤리』(IVP, 2006), p. 532.
32. 김성수 강의안, p. 260.

33. Leon Morris, *Luke: An Introduction and Commentary*, vol. 3, Tyndale New Testament Commentaries (Downers Grove, IL: InterVarsity Press, 1988), p. 259.

34. I. Howard Marshall, *The Gospel of Luke: A Commentary on the Greek Text*, New International Greek Testament Commentary (Exeter: Paternoster Press, 1978), p. 609.

35. D. Martyn Lloyd-Jones, *Studies in the Sermon on the Mount* (Grand Rapids, MI: W.B. Eerdmans, 1976), p. 199.

36. Thomas Manton, *A Practical Commentary, or an Exposition, with Notes, on the Epistle of James*, The Complete Works of Thomas Manton, vol. 04 (London: James Nisbet & Co., 1871), p. 462.

37. 존 스토트. 『너의 죄를 고백하라』(IVP, 2012), p. 13. 볼드체는 원문에서 강조되어 있는 구문임.

38. John E. Hartley, *Leviticus*, vol. 4, Word Biblical Commentary (Dallas: Word, Incorporated, 1998), p. 86.

39. 존 스토트. 『너의 죄를 고백하라』, pp. 46-47.

40. 마르틴 루터 혹은 존 웨슬리가 한 말로 전해지며 출처는 찾을 수 없었다.

41. 존 파이퍼. 『하나님이 복음이다』(IVP, 2006), p. 131.

42. 앞의 책, p. 130.

43. 조나단 에드워즈. 『대표설교선집』(부흥과개혁사, 2005), p. 140-142.

볼드체는 저자 강조 구문.

44. Augustine, "Lectures or Tractates on the Gospel according to St. John," trans. J. Gibb and J. Innes, NPNF, Vol. VII ed. P. Schaff (New York: Christian Literature Company 1888), p. 86.

45. Thomas Brooks, *The Complete Works of Thomas Brooks, Volume 3*, ed. Alexander Balloch Grosart (Edinburgh; London; Dublin: James Nichol; James Nisbet and Co.; G. Herbert, 1866), p. 94.

46. George Swinnock, vol. 5, *The Works of George Swinnock, M.A., Volumes 1-5* (Edinburgh; London; Dublin: James Nichol; James Nisbet and Co.; G. Herbert, 1868), p. 379.

47. Richard Sibbes, *The Complete Works of Richard Sibbes, Volume 6*, ed. Alexander Balloch Grosart (London: James Nisbet and Co. 1863), p. 168.

48. Jonathan Edwards, "The Pleasant of Religion", in The Sermons of Jonathan Edwards: A Reader (New Haven, Conn: Yale University Press, 1999), p. 18-19. 존 파이퍼. 『하나님이 복음이다』(IVP, 2006), p. 127에서 재인용.

49. A. W. Pink, *The Arthur Pink Anthology* (Bellingham, WA: Logos Bible Software, 2005).

참고문헌

김구원. 『사무엘상』(홍성사, 2014)

김형익. 『우리가 하나님을 오해했다』(생명의말씀사, 2014)

나이럴 리브스. 『그리스도 우리의 생명』(복있는사람, 2016)

마틴 로이드 존스. 『회개』(복있는사람, 2014)

마틴 로이드 존스. 『구약을 사용한 복음설교』(생명의말씀사, 1998)

박영돈. 『성령충만, 실패한 이들을 위한 은혜』(SFC출판부, 2008)

브루스 왈트키. 『구약신학』(부흥과개혁사, 2012)

월터 브루그만. 『사무엘상·하』(한국장로교출판사, 2000)

유진 피터슨. 『사무엘서 강해』(아바서원, 2016)

조나단 에드워즈. 『조나단 에드워즈 대표설교선집』(부흥과개혁사, 2005)

존 스토트. 『너의 죄를 고백하라』(IVP, 2012)

존 파이퍼. 『하나님이 복음이다』 (IVP, 2006)

크리스토퍼 라이트. 『현대를 위한 구약 윤리』(IVP, 2006)

C. S. 루이스. 『시편 사색』(홍성사, 2004)

D. A. Carson, *The Gospel according to John, The Pillar New Testament Commentary* (Grand Rapids, MI: W.B. Eerdmans, 1991).

D. Martyn Lloyd-Jones, *Studies in the Sermon on the Mount* (Grand Rapids, MI: W.B. Eerdmans, 1976).

Hans-Joachim Kraus, *A Continental Commentary: Psalms 1-59* (Minneapolis, MN: Fortress Press, 1993).

I. Howard Marshall, *The Gospel of Luke: A Commentary on the Greek Text, New International Greek Testament Commentary* (Exeter: Paternoster Press, 1978).

Leon Morris, *Luke: An Introduction and Commentary, vol. 3, Tyndale New Testament Commentaries* (Downers Grove, IL: InterVarsity Press, 1988).

Luke Timothy Johnson, *The Letter of James: A New Translation with Introduction and Commentary, vol. 37A*, Anchor Yale Bible (New Haven; Yale University Press, 2008).

Martin Luther, *Disputation of Doctor Martin Luther on the Power and Efficacy of Indulgences: October 31, 1517*, electronic ed.

(Bellingham, WA: Logos Bible Software, 1996).

Mark J. Boda, *'Return to Me'-A biblical theology of repentance*, NSBT (Downers Grove, IL: InterVarsity Press, 2015).

Marvin E. Tate, *Psalms 51-100, vol. 20, Word Biblical Commentary* (Dallas: Word, Incorporated, 1998).

James Montgomery Boice, *Psalms 42-106: An Expositional Commentary* (Grand Rapids, MI: Baker Books, 2005).

John Calvin, *Institutes of the Christian Religion & 2*, ed. John T. McNeill, trans. Ford Lewis Battles, vol. 1, The Library of Christian Classics (Louisville, KY: Westminster John Knox Press, 2011).

John E. Hartley, *Leviticus, vol. 4*, Word Biblical Commentary (Dallas: Word, Incorporated, 1998).

John Goldingay, *Baker Commentary on the Old Testament: Psalms 42-89*, ed. Tremper Longman III, vol. 2 (Grand Rapids, MI: Baker Academic, 2006).

John Owen, "The Death of Death in the Death of Christ" in *The Works of John Owen*, ed. William H. Goold, vol. 10 (Edinburgh: Banner of Truth, 1968).

Scott H. Hendrix, "Legends About Luther," *Christian History Magazine-Issue 34: Martin Luther: The Reformer's Early Years* (Carol

Stream, IL: Christianity Today, 1992).

Thomas Brooks, *The Complete Works of Thomas Brooks, Volume 4*, ed. Alexander Balloch Grosart (Edinburgh: James Nichol, 1867).

Thomas Manton, *A Practical Commentary, or an Exposition, with Notes, on the Epistle of James,* The Complete Works of Thomas Manton, vol. 04 (London: James Nisbet & Co., 1871).

Thomas Watson, *Doctrine of Repentance, Puritan Paperbacks Series* (Edinburgh: Banner of Truth, 2009).

Walter Brueggemann, *The Message of the Psalms: A Theological Commentary* (Minneapolis: Fortress Press, 1984).

Willem VanGemeren, ed., *New International Dictionary of Old Testament Theology & Exegesis* (Grand Rapids, MI: Zondervan Publishing House, 1997).